JOACHIM INGENDAHL

Die Kapitalflußrechnung im Rechnungslegungsrecht der USA und der Bundesrepublik Deutschland

Schriften zur wirtschaftswissenschaftlichen Analyse des Rechts

herausgegeben von

Heinz Grossekettler, Münster · Bernhard Großfeld, Münster
Klaus J. Hopt, Bern · Christian Kirchner, Hannover
Dieter Rückle, Wien · Reinhard H. Schmidt, Trier

Band 6

Die Kapitalflußrechnung im Rechnungslegungsrecht der USA und der Bundesrepublik Deutschland

Von

Dr. Joachim Ingendahl

Duncker & Humblot · Berlin

CIP-Titelaufnahme der Deutschen Bibliothek

Ingendahl, Joachim:
Die Kapitalflußrechnung im Rechnungslegungsrecht der USA und der Bundesrepublik Deutschland / von Joachim Ingendahl. – Berlin: Duncker u. Humblot, 1990
(Schriften zur wirtschaftswissenschaftlichen Analyse des Rechts; Bd. 6)
Zugl.: Münster (Westfalen), Univ., Diss., 1989
ISBN 3-428-06870-X
NE: GT

D 6

Fremddatenübernahme: Alb. Sayffaerth – E. L. Krohn, Berlin 61
Printed in Germany

ISSN 0935-5065
ISBN 3-428-06870-X

Herrn Prof. Dr. Bernhard Großfeld danke ich für die Anregung dieser Arbeit. Seine freundliche Förderung hat die Entstehung der vorliegenden Schrift begleitet. Herrn Professor Dr. Dieter Rückle bin ich für ihre Aufnahme in die Schriftenreihe verbunden.

Inhaltsverzeichnis

Abkürzungsverzeichnis

a. A.	andere Ansicht
aaO	am angegebenen Ort
ABl.	Amtsblatt
Abs.	Absatz
ADHGB	Allgemeines Deutsches Handelsgesetzbuch von 1861
a. E.	am Ende
a. F.	alte Fassung
AG	Aktiengesellschaft, auch „Die Aktiengesellschaft" (Zeitschrift)
AICPA	American Institut of Certified Public Accountants
AktG	Aktiengesetz
Anm.	Anmerkung
AO	Abgabenordnung 1977
APB	Accounting Principles Board
Art.	Artikel
ASR	Accounting Series Release
Aufl.	Auflage
AWD	Außenwirtschaftsdienst (Beilage zum BB)
BB	Der Betriebsberater (Zeitschrift)
Bd.	Band
Begr.	Begründung
BFuP	Betriebswirtschaftliche Forschung und Praxis (Zeitschrift)
BGBl.	Bundesgesetzblatt
BHO	Bundeshaushaltsordnung
BörsG	Börsengesetz
BörsZlV	Börsenzulassungsverordnung vom 15. 4. 1987
BörsZulPR	Börsenzulassungsprospektrichtlinie vom 17. 3. 1980
BörsZulR	Börsenzulassungsrichtlinie vom 5. 3. 1979
BT-Drucks.	Bundestagsdrucksache
BVerfG	Bundesverfassungsgericht
ca.	cirka
CCH	Commerce Clearing House (Verlag, Chicago)
CFR	Code of Federal Regulation
Chap.	Chapter

CPA	Certified Public Accountant
DB	Der Betrieb (Zeitschrift)
DBW	Die Betriebswirtschaft (Zeitschrift)
ders.	derselbe
DSWR	Datenverarbeitung in Wirtschaft, Recht und Steuern (Zeitschrift)
DVO	Durchführungsverordnung
Ed.	Edition
EG	Europäische Gemeinschaft
EHGB	Entwurf eines Handelsgesetzbuches
Einl.	Einleitung
EStG	Einkommensteuergesetz
e.V.	eingetragener Verein
EWG	Europäische Wirtschaftsgemeischaft
EWGV	Vertrag zur Gründung der Europäischen Wirtschaftsgemeinschaft vom 25. 3. 1957
f, ff	folgende
FASB	Financial Accounting Standards Board
Fn.	Fußnote
gem.	gemäß
GewStG	Gewerbesteuergesetz
GG	Grundgesetz
GmbH	Gesellschaft mit beschränkter Haftung
GmbHG	Gesetz betreffend die GmbH
GoB	Grundsätze ordnungsmäßiger Buchführung
GuV	Gewinn- und Verlustrechnung
HdJ	Handwörterbuch des Jahresabschlusses in Einzeldarstelllungen
HFA	Hauptfachausschuß des Institut der Wirtschaftsprüfer in Deutschland e.V.
HGB	Handelsgesetzbuch in der Fassung vom 19. 12. 1985
HGrG	Haushaltsgrundsätzegesetz
h.M.	herrschende Meinung
Hrsg.	Herausgeber
HURB	Handwörterbuch unbestimmter Rechtsbegriffe im Bilanzrecht des HGB
HWB	Handwörterbuch der Betriebswirtschaft, 4. Auflage
HWF	Handwörterbuch der Finanzwirtschaft
HWR	Handwörterbuch des Rechnungswesens, 2. Auflage
IdW	Institut der Wirtschaftsprüfer in Deutschland e.V.
i.e.S.	im engeren Sinne
insbes.	insbesondere
i.V.m.	in Verbindung mit

JoAcc	Journal of Accountancy (Zeitschrift)
lit.	litera (Buchstabe)
MinBlfWi	Ministerialblatt für Wirtschaft
m.w.N.	mit weiteren Nachweisen
NJW	Neue Juristische Wochenschrift
No.	number
Nr.	Nummer
Rdn.	Randnummer
RegE	Regierungsentwurf
RGBl.	Reichsgesetzblatt
RIW	Recht der Internationalen Wirtschaft (Zeitschrift)
S.	Seite
s.	siehe
SA	Securities Act
SEA	Securities Exchange Act
SEC	Securities and Exchange Commission
sogen.	sogenannten
Sp.	Spalte
US	United States
USA	United States of America
USC	United States Code
USCA	United States Code Annotated
USCS	United States Code Service
vgl.	vergleiche
VO	Verordnung
Vorb.	Vorbemerkung
WPg	Die Wirtschaftsprüfung (Zeitschrift)
z.B.	zum Beispiel
ZfB	Zeitschrift für Betriebswirtschaft
ZfbF	Zeitschrift für betriebswirtschaftliche Forschung
ZGR	Zeitschrift für Unternehmens- und Gesellschaftsrecht
ZHR	Zeitschrift für das gesamte Handelsrecht und Wirtschaftsrecht
Ziff.	Ziffer

Alle §§ ohne besondere Benennung sind solche des Handelsgesetzbuches in der Fassung vom 19. 12. 1985.

It is money that buys things
and not figures of profit.

Harold C. Edey

Einführung

Die Rechnungslegung in Deutschland besteht traditionell vor allem aus der Bilanz und der Gewinn- und Verlustrechnung. Die Gewinn- und Verlustrechnung wurde als zweite Jahresrechnung durch die Aktienrechtsnovelle des Jahres 1884 in § 239 Abs. 2 AHBG eingeführt[1]. Die beiden Jahresrechnungen werden durch zusätzliche Angaben im Anhang sowie im Lagebericht ergänzt.

Die Bemühungen um eine Verbesserung der Aussagefähigkeit des Jahresabschlusses sind weitgespannt. In ihrem Rahmen stellen die Wirtschaftswissenschaften seit einem Jahrzehnt zunehmend Bilanz und GuV als alleinige Jahresrechnungen in Frage. Aus den Vorschlägen ergänzender Jahresrechnungen sind die Wertschöpfungsrechnung[2], die Kapital- oder Substanzerhaltungsrechnung[3] sowie die Sozialbilanzen[4] besonders zu erwähnen. Von den Modellen einer dritten Jahresrechnung hat die Kapitalflußrechnung aber das weitaus größte Interesse auf sich gezogen. Im Rahmen der Anstrengungen um eine Stärkung der Aussagekraft des Jahresabschlusses nimmt die Kapitalflußrechnung daher eine zentrale Stelle ein.

Bis 1978 haben sich ausschließlich die betriebswirtschaftlichen Forschungen mit der Kapitalflußrechnung befaßt. Die 4. gesellschaftsrechtliche Richtlinie der Europäischen Gemeinschaft hat jedoch bilanzrechtliche Bezüge deutlich werden lassen: Die Richtlinie räumt den nationalen Gesetzgebern ein Wahlrecht zur Erweiterung des Jahresabschlusses um eine Kapitalflußrechnung ein[5]. Gleichwohl behandeln rechtswissenschaftliche Beiträge die Kapitalfluß-

---

[1] Gesetz betreffend die Kommanditgesellschaft auf Aktien und die Aktiengesellschaften vom 18. 7. 1884, zitiert nach Schubert / Hommelhoff, Hundert Jahre modernes Aktienrecht, S. 599.

[2] Weber, Die Wertschöpfungsrechnung auf der Grundlage des Jahresabschlusses, HdJ Abt. IV/7, 1986, Rdn. 1; Reichmann / Lange, ZfB 1980, S. 523ff.

[3] Forster, ZfbF 1980, Sonderheft 10; ders. ZGR 1980 Sonderheft 2, S. 57ff, insbes. S. 65ff und 77.

[4] V. Wysocki, Sozialbilanzen, Stuttgart 1981.

[5] Art. 2 Abs. 6 der 4. EG-Richtlinie vom 25. Juli 1978 i.V.m. der Erklärung für das Ratsprotokoll.

rechnung bislang nur beiläufig[6]. Es ist daher lohnend, sich den juristischen Bezügen dieses Themas zuzuwenden[7].

Ansatzpunkte bietet ein Blick auf das Rechnungslegungsrecht in den USA. Dort sind frühe Formen der Kapitalflußrechnung seit dem Ende des 19. Jahrhunderts bekannt. Die Erfahrungen in den USA verdienen besondere Beachtung: Das System zur Ermittlung von Jahresabschlußgrundsätzen ist auf Flexibilität bedacht, es fördert eine schnelle und praxisorientierte Erprobung neuer Formen der Rechnungslegung. Die Festlegung und Fortentwicklung der Jahresabschlußrichtlinien obliegt in erster Linie der Securities and Exchange Commission, die als staatliche Behörde die Aufsicht über den Wertpapierhandel ausübt. In der Praxis werden die meisten Regeln jedoch von den Organen des AICPA (American Institut of Certified Public Accountants) erlassen. Das vielbenutzte Wort von der „substance over form" markiert, daß Konformität und Stetigkeit häufig hinter der einzelfallorientierten Aussagekraft des Jahresabschlusses zurückstehen. Seit den 60er Jahren war die Kapitalflußrechnung in der Praxis weit verbreitet und wurde in der Literatur überwiegend positiv beurteilt. Im Jahre 1971 erhob der Accounting Principles Board des AICPA mit seiner Opinion No. 19 die Kapitalflußrechnung in den Rang einer 3. Jahresrechnung. Das Recht der Kapitalflußrechnung in den USA stellt Kapitel B dar.

Die Rezeption der Kapitalflußrechnung als dritte Jahresrechnung in den USA hat in die Länder des anglo-amerikanischen Rechtskreises hineingewirkt[8] und auch im multinationalen Bereich zur Begründung vergleichbarer Rechnungslegungspflichten geführt[9]. In Großbritannien hat das „Institut of Chartered Accountants in England and Wales" in seiner SSAP No. 10 die Kapitalflußrechnung kraft Standesrechts eingeführt[10]. Kontinentaleuropa und die von seiner Kultur geprägten Länder kannten die Kapitalflußrechnung hingegen nur als interne Rechnung oder freiwillige Erweiterung des Jahresabschlusses. Mit dem Beitritt Großbritanniens wurde dieser Gegensatz in die

---

[6] Exemplarisch: Forster, Verbesserung und Ergänzung des Jahresabschlusses, Rechnungslegung nach neuem Recht, ZGR Sonderheft 2, S. 61ff; siehe auch den Überblick bei Ebke, Wirtschaftsprüfer und Dritthaftung, S. 318 - 323; kritisch zu der Zurückhaltung der Juristen gegen über dem Bilanzrecht: Großfeld, NJW 1986, S. 955ff.

[7] Diese wurden bislang zu einem Teil in wirtschaftswissenschaftlichen Beiträge mitbehandelt; hervorzuheben sind insbesondere die ausführlichen rechtswissenschaftlichen Ausführungen von Kalinski, Die Rechnungslegung zur Finanzlage der Unternehmung.

[8] Länderaufzählung bei Fitzgerald, zitiert bei Ebke, Wirtschaftsprüfer und Dritthaftung, S. 318.

[9] International Accounting Standards Committee (IASC), International Accounting Standard 7, Statement of Changes in Financial Position, London 1977, besprochen in Accounting Review 1977, S. 199ff, die deutsche Übersetzung ist abgedruckt in den Fachnachrichten des Instituts der Wirtschaftsprüfer 1977, S. 313 - 315; Nachweise über weitere Empfehlungen multinationaler Gremien bei Kalinski, Die Rechnungslegung zur Finanzlage der Unternehmung, S. 135ff.

[10] Accountancy, September 1975, S. 58ff.

Europäische Gemeinschaft hineingetragen. Das Wahlrecht der 4. EG-Richtlinie spiegelt die globale Zweiteilung der Ansichten über die Kapitalflußrechnung wieder.

In Deutschland hat das Bilanzrichtliniengesetz 1985 die vielfach befürwortete Kapitalflußrechnung nicht eingeführt. Hingegen schreibt die 7. EG-Richtlinie die Kapitalflußrechnung als Bestandteil des Börsenzulassungsprospektes vor. Die Bundesrepublik Deutschland hat die Transformation der 7. Richtlinie am 15. April 1987 mit dem Erlaß der Börsenzulassungsverordnung abgeschlossen. Als erste deutsche Rechtsvorschrift sieht die Börsenzulassungsverordnung eine Kapitalflußrechnung vor. Mit der Kapitalflußrechnung im Rechnungslegungsrecht der Bundesrepublik Deutschland befaßt sich Kapitel C.

Einen weiteren rechtlichen Ansatzpunkt für die Gestaltung der Kapitalflußrechnung bietet die Gewinnung von „Grundsätzen ordnungsmäßiger Buchführung". Die Betriebswirtschaftslehre gewinnt diese Grundsätze auf deduktivem Wege durch Ableitung aus den allgemeinen Sätzen über die Ziele des Jahresabschlusses[11]. Unter rechtlichen Gesichtspunkten sind Grundsätze ordnungsmäßiger Buchführung durch teleologische Auslegung des unbestimmte Rechtsbegriffs in § 238 zu bestimmen. Bei der Ermittlung der Grundsätze ordnungsmäßiger Buchführung hat die Betriebswirtschaftslehre daher kein Monopol, sondern teilt die Kompetenz mit der Rechtswissenschaft[12].

Die Bestimmung der Grundsätze ordnungsmäßiger Buchführung und Bilanzierung leitet über zu den rechtspolitischen Überlegungen, in welchen Bereichen die Kapitalflußrechnung über das Börsenzulassungsprospekt hinaus sinnvoll als Bestandteil der Rechnungslegung eingesetzt werden kann. Eine Verwendung der Kapitalflußrechnung als Rechnungslegungsinstrument de lege ferenda erörtert Kapitel D.

Die Kapitalflußrechnung ist in ihrem Ursprung als ein buchungstechnisches Phänomen zu begreifen. Eine Beurteilung der Kapitalflußrechnung setzt Verständnis ihres buchhaltungs- und bilanztechnisch geprägten Wesens voraus. Auch diese rechtswissenschaftliche Bearbeitung muß daher den Blick über das traditionelle Buchhaltungs- und Bilanzwesen schweifen lassen. Der Einführung in die buchungs- und bilanztechnischen Grundlagen ist Kapitel A gewidmet.

---

[11] Zu der Methode der Deduktion Leffson, GoB, S. 29f.

[12] Leffson, Zur Gemeinsamkeit juristischer und ökonomischer Ermittlung der Grundsätze ordnungsmäßiger Buchführung, WPg 1973, S. 582f; siehe auch derselbe, GoB, S. 35f.

A. Die Kapitalflußrechnung im System der Rechnungslegung

Die Kapitalflußrechnung soll neben Bilanz und Gewinn- und Verlustrechnung als dritte (Haupt-) Jahresrechnung den Jahresabschluß um wichtige Aussagen ergänzen. Zum Ausgangspunkt und zur Grundlage aller Überlegungen zur Kapitalflußrechnung wird damit die These, der Jahresabschluß vermittele mit seinen Pflichtbestandteilen kein vollständiges Bild des Unternehmens. Ob und in welchem Umfang diese Behauptung verifiziert oder widerlegt wird, ist in den folgenden Hauptteilen der Arbeit zu untersuchen. Jedenfalls zwingt die Ausgangsüberlegung dazu, die Kapitalflußrechnung im Zusammenhang mit den hergebrachten Jahresrechnungen Bilanz und GuV zu sehen und zu beschreiben.

I. Verfahren der Rechnungslegung

Grundlage jeder Rechnungslegung ist die betriebliche Buchhaltung als umfassende Dokumentation der gesamten Unternehmenstätigkeit[1].

1. Die Kassenbewegungsrechnung

Die älteste Form der Buchhaltung ist die „Kassenbewegungsrechnung“[2]. Diese „Urform“ der Buchhaltung bildet die Geschäftsvorfälle auf der Basis der Geldbewegungen in einem Zahlungsjournal ab. Das Journal unterscheidet zwischen Einzahlungen und Auszahlungen, der Saldo zwischen der Einzahlungs- und der Auszahlungsspalte ergibt die Veränderung des Geldbestandes. Zur Angabe ihrer Verursachung wird jede Zahlung darüber hinaus in möglichst aufschlußreicher Gliederung ein zweites Mal gebucht: Zuflüsse in Spalten für Erlöse, empfangene Darlehen, Kapitaleinlagen und Abflüsse in Spalten für Wareneinkäufe, Lohnzahlungen, Mieten, Steuern usw.[3].

Die Summen der Ursachen-Spalten lassen sich zu einer Geldzufluß- und Geldabflußrechnung zusammenstellen. Der Saldo zwischen den Zuflüssen und Abflüssen gibt wiederum die Veränderung des Geldbestandes an. Die

---

[1] Siehe die „Richtlinien zur Organisation der Buchführung vom 11. November 1937, MinBlfWi, S. 239ff, insbes. Gliederungspunkt „I Grundaufgaben des Rechnungswesens“.

[2] Thomas, Barbara S., Reporting cash flow information, JoAcc November 1982, S. 99.

[3] Käfer, Praxis, S. 17ff, mit einem Beispiel auf S. 18f.

Jahressummen dieser Spalten lassen sich in eine Finanzrechnung übertragen, die Bar- und Buchgeldzahlungen der Gesamtperiode entsprechend ihrer Verursachung darstellt[4]:

Finanzrechnung

Ausgaben	Einnahmen
Wareneinkäufe	Erlöse
Zinszahlungen	Empfangene Darlehen
Mieten	Kapitaleinlagen
Lieferwagen	

Bis zum heutigen Tag hat sich die Kassenbewegungsrechnung – mit gewissen Modifikationen – unter der Bezeichnung „Kameralistik" als Buchhaltungsform der öffentlichen Gebietskörperschaften bewahrt[5]. Auch im privaten Bereich besteht eine am Geldfluß orientierte Buchhaltungsart fort: Das Einkommensteuerrecht gestattet es Steuerpflichtigen, die nicht gesetzlich (insbes. handelsrechtlich) verpflichtet sind, Bücher zu führen und Abschlüsse zu machen, ihren Gewinn mittels einer sogenannten „Einnahmen – Ausgaben – Überschuß – Rechnung" zu ermitteln, § 4 Abs. 3 EStG. Als Einkommen zu versteuern ist in diesen Fällen eine „gewinnähnliche" Größe, nämlich der „Überschuß der (Geld-)Einnahmen über die Ausgaben"[6]. Insbesondere Freiberufler und kleine Gewerbetreibende dürfen diese Art der am Geldfluß orientierten Buchführung wählen[7].

2. Die ergebnisbezogene Rechnungslegung

Die Rechnungslegung von Vollkaufleuten und Kapitalgesellschaften ist ergebnisorientiert zu gestalten. Das Handelsrecht verlangt von dem Jahresabschluß einen Einblick in die Vermögens- und Ertragslage des Unternehmens, §§ 242, 264 HGB. Die Rechnungslegung basiert auf der doppelten Buchführung.

---

[4] Chmielewicz / Caspari, DBW 1985, S. 157.

[5] Beispiel: Gem. § 71 Bundeshaushaltsordnung vom 19. August 1968 ist die Darstellung der Einnahmen und Ausgaben der Regelfall der Buchführung.

[6] Die Anschaffungskosten des Anlagevermögens sind auch bei dieser Rechnung in einem Anlageverzeichnis zu erfassen und als Abschreibungen über die wirtschaftliche Nutzungsdauer zu verteilen, zu den Einzelheiten vgl. exemplarisch: Herrmann / Heuer / Raupach, Kommentar zu Einkommen- und Körperschaftsteuer, § 4 Rdn. 85 a (2); Heinicke in Schmidt, Einkommensteuergesetz, § 4 Rdn. 61.

[7] Die maßgeblichen Umsatz- und Gewinngrenzen ergeben sich aus § 240 AO.

a) *Die doppelte Buchführung*

Aus dem Mittelalter sind die ersten ausführlichen Anleitungen zur Buchführung bekannt[8]. Die doppelte Buchführung wurde wohl erstmals von dem italienischen Stadtstaat Genua zur Führung der Gemeindekasse eingesetzt[9]. Obwohl sich mit dem Handel auch das Wissen um die doppelte Buchhaltung ausbreitete, war sie bis in das 19. Jahrhundert in der Praxis allerdings nur selten anzutreffen[10].

Die doppelte Buchführung wird durch die Einteilung der Konten charakterisiert: Alle Konten sind entweder der Vermögensebene oder der Ergebnisebene zuzurechnen. In diesem Kontensystem werden alle Geschäftsvorfälle doppelt verbucht, auf einem Konto im Soll und auf einem anderen (Gegen-) Konto im Haben. Auf diese Weise wird für jeden Geschäftsvorfall unterschieden, ob er lediglich Vermögen umschichtet, oder ob er ergebniswirksam ist. Diese Art der Buchhaltung ist eng verknüpft mit der Rechnungslegung durch Bilanz und GuV.

b) *Die traditionellen Jahresrechnungen*

Bilanz und GuV sind erstmals im frühen 17. Jahrhundert anzutreffen. Beide Rechnungsformen wurden seitdem zu ihrem heutigen Format fortentwickelt. Der Jahresabschluß dokumentiert die Endstände der Konten der Vermögens- und Schuldenebene in der Bilanz und die der Ergebnisebene in der GuV.

(1) Die Bilanz

Die gesetzliche Grundlage für die Bilanz ist nach §§ 240, 247 eine Bestandsaufnahme der Vermögensgegenstände und Schulden (Inventur), deren Ergebnis in ein Verzeichnis (Inventar) aufzunehmen ist. Den Abschluß, der sich aus dem Inventar ergibt, bezeichnet das HGB als Bilanz[11]. Die Bilanz stellt dem Vermögen (Aktivseite der Bilanz) die Schulden (Passivseite) gegenüber[12], das

[8] Großfeld und Diekmann, WPg 1988, S. 420.

[9] Perpagallo, Origin and Evolution of Double Entry Bookkeeping, 1938, unveränderter Nachdruck 1967, S. 3.

[10] Schneider, Geschichte betriebswirtschaftlicher Theorie, S. 100ff; siehe auch Stiegler, Fünf Jahrtausende Buchhaltung, S. 32ff und Jäger, Geschichte der Doppelbuchhaltung, Stuttgart 1874, Vorwort S. Vff.

[11] Brönner, Herbert, Die Bilanz nach Handels- und Steuerrecht, 8. Auflage, Stuttgart 1971, S. 2.

[12] So bereits Art. 29 des Allgemeinen Deutschen Handelsgesetzbuches vom 5. Juni 1869: „Jeder Kaufmann hat ... seine Forderungen und Schulden, den Betrag seines baren Geldes und seine anderen Vermögensstücke genau zu verzeichnen, dabei den Wert der Vermögensstücke anzugeben und einen das Verhältnis des Vermögens und der Schulden darstellenden Abschluß zu machen.“.

Eigenkapital weist die Bilanz als Saldo von Vermögen und Schulden aus. Der Periodengewinn ergibt sich grds. als Veränderung des Betriebsvermögens (und Eigenkapitals) gegenüber dem vorangegangen Abschlußstichtag[13].

Bilanz

Aktiva	Passiva
Vermögensgegenstände	Eigenkapital Verbindlichkeiten

Die Bilanz gleicht einer Momentaufnahme des Unternehmens am Bilanzstichtag um 24.00 Uhr. Sie ist daher in ihrem Ansatz statisch.

(2) Die Gewinn- und Verlustrechnung

Bilanztechnisch ist die Gewinn- und Verlustrechnung (GuV) ein Unterkonto des bilanziellen Eigenkapital-Kontos. Sie stellt die erfolgswirksamen Güterverbräuche und Güterentstehungen[14] des Wirtschaftsjahres retrospektiv zusammengefaßt nach Ertrags- und Aufwandsarten dar. Die Differenz von Erträgen und Aufwendungen ergibt wiederum den Periodenerfolg[15]:

Gewinn- und Verlustrechnung

Aufwendungen	Erträge
Wareneinkauf Zinsen Mieten KFZ-Kosten Abschreibungen Gewinn	Erlöse a. o. Erträge (bzw. Verlust)

[13] Zur Bilanz allgemein: Großfeld, Bilanzrecht, 1. Aufl., S. 1ff; vgl. auch § 4 Abs. 1 EStG.

[14] Schweitzer in HURB, S. 53 zum Stichwort „Aufwendungen".

[15] Für das nachfolgende Beispiel einer GuV wurde aus Gründen der Übersichtlichkeit und besseren Vergleichbarkeit mit der Finanzrechnung die Kontenform gewählt, obwohl § 275 Abs. 1 HGB für Kapitalgesellschaften zwingend die Staffelform vorschreibt, vgl. dazu Großfeld / Leffson in HURB, S. 69 zu dem Stichwort „Außerordentliche Erträge und Aufwendungen".

Anders als die Bilanz ist die GuV keine statische Momentaufnahme, sondern zeitraumbezogen auf die gesamte Berichtsperiode und damit (retrospektiv-) dynamisch[16]. Die GuV weist die Eigenkapitalveränderung (= Gewinn oder Verlust) als Saldo von Erträgen und Aufwendungen aus. Sie erklärt hierdurch, auf welche Weise das betriebliche Ergebnis erwirtschaftet wurde.

(3) Verknüpfung mit der doppelten Buchhaltung

Jeder Posten von Bilanz und GuV bildet im Rahmen der Buchführung ein selbständiges Konto. Aus der Bilanz werden die sogen. „Bestandskonten" abgeleitet, Unterkonten der GuV sind hingegen die „Erfolgskonten".

c) Modifikation der Geldrechnung

Die unperiodisierten Zahlungsgrößen bilden auch im System der doppelten Buchhaltung sachlich die Ausgangszahlen des Rechnungswesens[17]: Die Zahlungen der Abrechnungsperiode werden im Wege der Verbuchung des „Kasse- und Bankkreises" buchhalterisch erfaßt. Daneben ergeben sich jedoch weitere Buchungen, die der zutreffenden Periodenabgrenzung dienen.

Nach § 252 Abs. 1 Nr. 5 sind Ein- und Auszahlungen nicht automatisch der Periode zuzurechnen, in der sie angefallen sind. Alle Geldbewegungen sind vielmehr zusätzlich darauf zu überprüfen, ob sie bei wirtschaftlicher Betrachtung in der Berichtsperiode verursacht wurden oder ob sie einer anderen Periode zugerechnet werden müssen[18]. Zahlungen vorangegangener sowie nachfolgender Perioden können der Berichtsperiode als Aufwand (Werteverzehr) oder Ertrag (Wertschöpfung) zuzurechnen sein. Soweit Zahlungen ihre Ursache in einer anderen Periode haben, werden sie aus den Zahlungsströmen „herausgefiltert" und durch Abgrenzungsbuchungen auf ein aktivisches (Vermögensgegenstand) oder passivisches (Verbindlichkeit) Bestandskonto übertragen (siehe Anhang 1).

Akzeptiert man die Kassenbewegungsrechnung als Grundform der Buchhaltungssysteme, so erhält die GuV den Charakter einer „modifizierten Einnahmen- und Ausgabenrechnung": Geldbewegungen, die in der Berichtsperiode nicht in der GuV ausgewiesen werden, aber auch Geldbewegungen anderer Geschäftsjahre, die in der Berichtsperiode ergebniswirksam waren[19], sind als Vermögensgegenstände oder Verbindlichkeiten in die Bilanz aufzunehmen. Der Bilanz kommt damit die Funktion eines „Auffang- und Vorhal-

---

[16] Hopt, ZGR 1980, S. 249.

[17] Chmielewicz / Caspari, aaO, S. 165.

[18] Coenenberg, Jahresabschluß und Jahresabschlußanalyse, S. 34.

[19] Zur „Abgrenzung nach der Zeit" Leffson, GoB, S. 330f.

tebeckens" für solche Zahlungen zu, die nicht in der Berichtsperiode (sondern früher oder später) ergebniswirksam werden[20]. Im System der doppelten Buchhaltung bestehen daher für jede Geldbewegung – Einnahme oder Ausgabe – zwei grundsätzliche Buchungsalternativen: Ist die Geldbewegung ergebniswirksam, wird sie als Aufwand oder Ertrag in der GuV ausgewiesen. Erfüllt sie hingegen die Merkmale von Aufwand oder Ertrag nicht, so wirkt sich die Gegenbuchung auf einem Bestandskonto aus, führt zur Veränderung des korrespondierenden Bilanzpostens.

Die Bedeutung dieser Unterscheidung verdeutlicht das folgende Beispiel:

Die neugegründete A-GmbH stellt Lacke her. Um sich über die Wünsche der Kunden hinsichtlich der Farben und Beanspruchbarkeit sowie die erzielbaren Verkaufserlöse einen Überblick zu verschaffen, gibt die A-GmbH eine Marktanalyse in Auftrag, für die sie 15 000 DM bezahlt. Beurteilung: Das Gutachten ist kein Vermögensgegenstand und damit grundsätzlich nicht bilanzierungsfähig, sondern sofort abzuziehender Aufwand. Der (Geld-)Ausgabe von 15 000 DM entspricht somit ein Aufwand in gleicher Höhe. Da die Marktanalyse jedoch zur „Ingangsetzung des Geschäftsbetriebes" eingeholt wurde, besteht gem. § 269 S. 1 ein Bilanzierungswahlrecht[21]. Die A-GmbH darf die 15 000 DM als Bilanzierungshilfe aktivieren[22]; erst ab dem folgenden Jahr muß sie den Betrag jeweils zu mindestens einem Viertel durch Abschreibung tilgen, § 282. Bei Ausübung des Wahlrechts ergibt sich damit trotz eines Geldabflusses von 15 000 DM im Gründungsjahr kein Aufwand.

Betrachtet man das Unternehmen über seine gesamte Existenzdauer, so gleichen sich die Unterschiede zwischen Geldfluß (Kassenbewegungsrechnung) und Aufwand/Ertrag (GuV) aus. Mit der Liquidation wird das „Auffang- und Speicherbecken" Bilanz aufgelöst: Die Vermögensgegenstände werden veräußert, die Schulden bezahlt. Begnügt man sich mit dem Gesamtergebnis eines Unternehmens von seinem Beginn bis zur Liquidation, so sind der Gewinn und der erwirtschaftete Liquiditätsüberschuß identisch[23].

3. Bilanztheorien und Kritik am Gewinnbegriff

Bei der Festlegung der Ziele des Jahresabschlusses konkurrieren in der betriebswirtschaftlichen Literatur verschiedene Theorien.

---

[20] Kalinski, aaO, S. 176; Kühnau in HWR 1970, Sp. 185, 186 zum Stichwort „Bilanz, allgemein".

[21] Freericks in HURB, S. 252f zum Stichwort „Ingangsetzung des Geschäftsbetriebs".

[22] Einzelheiten bei Busse von Colbe in HURB, S. 91ff zum Stichwort „Bilanzierungshilfe".

[23] Harrmann, DB 1968, S. 1678f: „Der Totalerfolg ist nichts anderes als der finanzwirtschaftliche Überschuß der Totalperiode".

a) Statische und dynamische Bilanzauffassung

Nach der statischen Bilanzauffassung dient die Bilanz vor allem der stichtagsbezogenen Vermögensermittlung[24]. Im Mittelpunkt der von Schmalenbach begründeten dynamischen Bilanzauffassung steht hingegen die Ermittlung des periodengerechten Erfolges[25]: Die Aufwendungen sind der Periode zu belasten, in der auch die Erträge erzielt werden. Die Schmalenbachsche Konzeption prägt bis heute die Praxis der Periodenabgrenzung. In der Betriebswirtschaftslehre wird zunehmend aber auch auf die Mängel der dynamischen Bilanzierung hingewiesen[26].

Die Kritik entzündet sich an der Überbetonung des Ergebnisdenkens in periodisierten Zahlungsgrößen[27], das in der anglo-amerikanischen Bewertungslehre als „Accruals Concept" eine übergreifende Rolle spielt[28]. Man hat als Problem erkannt, daß die objektiv periodengerechte Zuordnung durch kaum noch lösbaren Bewertungs- und Abgrenzungsprobleme erschwert, ja unmöglich gemacht wird[29]. Die Wurzeln der Schwierigkeiten sind vielfältig: Bilanzansätze und Bewertungswahlrechte bestimmen die Höhe des Erfolges mit, die systemimmanenten Ermessens- und Entscheidungsspielräume mindern jedoch die Zuverlässigkeit und Aussagekraft des Gewinns. Die Abgrenzung zwischen Aktivierungs- bzw. Passivierungspflichten und der sofortigen ergebniswirksamen Berücksichtigung als Aufwand bzw. Ertrag ist in vielen (Grenz-)Fällen ungenau oder wird durch sachfremde Erwägungen verfälscht. Die Bemessung der Abschreibungen[30] wird häufig von steuerlichen Beweggründen bestimmt[31]. Zu Verzerrungen führt auch das aus dem Grundsatz der kaufmännischen Vorsicht folgende „Imparitätsprinzip"[32]: Der Ansatz drohender Verluste und Wertminderungen ist zwingend (Niederstwertprinzip)[33], die Berücksichtigung von Gewinnen und Wertsteigerungen ist aber nur zugelassen, wenn sie am Abschlußstichtag bereits realisiert sind (Realisationsprin-

---

[24] Moxter, Bilanzlehre 1975, S. 215ff; Heinen, Handelsbilanzen, S. 36ff.

[25] Aus der umfangreichen Literatur: Heinen, aaO, S. 45ff; Kalinski, aaO, S. 51 m.w.N.

[26] Schreiber in HURB, S. 59f zum Stichwort „Aufwendungen und Erträge des Geschäftsjahres".

[27] Chmielewicz / Caspari, aaO, S. 165; Coenenberg, aaO, S. 36ff; Kalinski, aaO, S. 27.

[28] Niehus, AWD des BB 1973, S. 603.

[29] Busse von Colbe, ZfB 1966 Ergänzungsheft 1, S. 91ff; Münch, DB 1969, S. 1301.

[30] Nach dem Prinzip der „umgekehrten Maßgeblichkeit" können steuerliche Sonderabschreibungen in vielen Fällen nur in Anspruch genommen werden, wenn sie auch in der Handelsbilanz ausgewiesen werden, Beispiel: § 6 Abs. 3 S. 1 EStG; hierzu Knobbe-Keuk, Bilanz- und Unternehmenssteuerrecht, 6. Auflage, S. 20f.

[31] Peupelmann, DB 1971, S. 62.

[32] Jacobs / Greif, WPg 1974, S. 22f.

[33] Großfeld, Bilanzrecht, S. 40f.

zip)[34]. Die internen Wertanpassungen wie Abschreibungen und Lagerbewertungen werden mit den externen Transaktionen in denselben Konten verarbeitet. Dies macht es unmöglich, zwischen dem Ergebnis der externen Ereignisse und den Auswirkungen interner Bewertungen zu unterscheiden[35].

Die Unzufriedenheit über die unzureichende Darstellung der Liquidität und Finanzkraft des Unternehmens im Jahresabschluß weckte die Forderung nach Einführung einer systematischen Darstellung der Finanzbewegungen[36]. Mit der Forderung nach einer Ausrichtung der Jahresrechnungen am Geldfluß treten zwei Bilanztheorien in Opposition zu der herrschenden dynamischen Bilanzlehre.

b) Finanzwirtschaftliche Bilanzauffassung

Der Begründer und Hauptvertreter der finanzwirtschaftlichen Bilanzauffassung Ernst Walb veröffentlichte um die Jahreswende 1942/1943 eine Broschüre, in deren Vorwort er die Aussage markierte: „Die Bagatellisierung des Gelddenkens droht zu einer öffentlichen Gefahr zu werden"[37]. Getreu seinem Vorsatz, „zu einem verantwortungsvollen Geld- und Kapitaldenken zurückzuführen und die Gewissen wieder zu schärfen"[38] fordert er, grundsätzlich die Erträge den Einnahmen und die Aufwendungen den Ausgaben gleichzusetzen[39]. Im Gegensatz zum allgemeinen Sprachgebrauch soll der Begriff der Zahlung nach dieser Lehre über die baren Geldbewegungen hinaus allerdings auch die künftigen, durch Forderungen und Verbindlichkeiten entstehenden Einnahmen und Ausgaben einschließen[40].

c) Pagatorische Bilanzauffassung

Kosiol begründete die pagatorische Bilanzlehre (pagare = zahlen), die die Gedanken von Walb weiterentwickelt[41]. Diese Lehre führt alle Geschäftsvorfälle und Bilanzposten auf die Einnahmen- und Ausgabenrechnung zurück[42].

---

[34] Leffson in HdJ, Erfassungs- und Bewertungsprinzipien des Handelsrechts, Rdn. 125ff; Buchner in HURB, S. 40ff zum Stichwort „Allgemeine Bewertungsgrundsätze".

[35] Rayman sieht hierin den eigentlichen Grund für die wachsende Bedeutung der Kapitalflußrechnung, Accountancy, June 1970, S. 423.

[36] Exemplarisch Jonas, DB 1976, S. 2365.

[37] Walb, Finanzwirtschaftliche Bilanz, 2. Auflage 1943, Vorwort zur 1. Auflage.

[38] Walb, zitiert bei le Coutre, in HWB, 3. Auflage 1956, Sp. 1163f zum Stichwort „Bilanztheorie".

[39] Walb, aaO, S. 23.

[40] Walb, aaO, S. 44f.

[41] le Coutre, aaO, Sp. 1164.

[42] Kosiol, Pagatorische Bilanz, S. 113ff.

Unternehmenserfolg ist danach der Unterschied zwischen Einnahmen und Ausgaben.

II. Kapitalflußrechnungen

Das Ziel der Kapitalflußrechnung wurde in die Frage eines unmutigen Chefs an seinen Buchhalter gekleidet: „Sie sagen, wir hätten in diesem Jahr eine Menge Geld verdient, und doch haben wir keines! Wo ist es denn hingekommen?“[43] Tatsächlich ist allen Formen der Kapitalflußrechnung gemeinsam, daß sie die Mittelbewegungen während der Abrechnungsperiode abbilden und ihre Ursachen aufzeigen wollen.

1. Grundkonzepte der Kapitalflußrechnung

Die betriebswirtschaftliche Buchhaltungs- und Bilanzlehre hat die Grundlagen und Zusammenhänge der Kapitalflußrechnung inzwischen weitgehend erforscht. Gleichwohl konnte bis heute kein Konsens über Aufbau und Gestaltung der Kapitalflußrechnung erzielt werden[44]. Die verwirrende Vielfalt der Formen und ein mangelnder Konsens über manche Grundbegriffe erschweren das Verständnis der Kapitalflußrechnung. Umso wichtiger ist es, die Struktur der Kapitalflußrechnung deutlich zu machen und ihre dogmatischen Grundlinien aufzuzeigen. Alle Erscheinungs- und Gestaltungsformen der Kapitalflußrechnung sind einem der folgenden Grundkonzepte zugeordnet[45]:

a) Veränderungs- und Bewegungsbilanzen

Die Bewegungen auf den Bilanzkonten kann man durch einen Vergleich der Bilanzen aufeinanderfolgender Geschäftsjahre feststellen[46]. Die Veränderungen der einzelnen Bilanzpositionen lassen sich in einer „Veränderungsbilanz“ abbilden[47]:

---

[43] Zitiert bei Käfer, Kapitalflußrechnungen, S. 4 m.w.N.; siehe auch Achtermeyer DB 1973 S. 1086; eine frühe amerikanische Version des Zitates findet sich bei Scovill, Accounting Review 1944, S.20: „Since we made $ 50.000 last year, why is it that we have less cash on hand and have more notes outstanding at the bank than we did a year ago?“.

[44] Einige Unterscheidungsmerkmale beschreibt Strobel in HWB, Sp. 2119 zum Stichwort „Kapital- und Finanzflußrechnung“.

[45] Flohr, ZfB 1960, S. 663ff; zu den Grundkonzepten siehe auch Dinkel, Die Unternehmung 1973, S. 216.

[46] Coenenberg / Schmidt, ZfB 1978, S. 508.

[47] Siehe auch das praxisnahe Beispiel für die Bilanzen der Bayer AG bei Gebhardt, WPg 1984, S. 484.

Veränderungsbilanz

Aktiva-Änderungen	Passiva-Änderungen

Die Veränderungen der Bilanzposten können als „Mittel-"bewegungen interpretiert werden: Durch die Veräußerung von Vermögensgegenständen (= Aktiva-Minderung) und die Aufnahme von Darlehen (= Passiva-Erhöhung) werden dem Unternehmen Geld oder sonstige Mittel zugeführt. Hingegen stellen sich der Erwerb von Vermögensgegenständen (= Aktiva-Erhöhung) und die Tilgung von Schulden (= Passiva-Minderung) als Geld- oder Mittelverwendung dar[48]. Ein Jahresüberschuß ist eine zusätzliche Mittelquelle, ein Jahresfehlbetrag Mittelverwendung. Mit diesen Überlegungen ist der entscheidende gedankliche Schritt zu einer weiteren Grundform der Kapitalflußrechnung getan. Ordnet man die Positionen der Veränderungsbilanz danach, ob sie als Mittelquelle oder Mittelverwendung zu interpretieren sind, entsteht eine „Bewegungsbilanz"[49]:

Bewegungsbilanz

Mittelverwendung	Mittelherkunft
Aktiva-Zunahmen	Aktiva-Abnahmen
Passiva-Abnahmen	Passiva-Zunahmen

In der Form der Bewegungsbilanz zeigt die Kapitalflußrechnung die Wertveränderungen aller Bilanzpositionen auf, sie wird daher auch als „Wertflußrechnung" bezeichnet[50]. Da sie aus Bilanzen abgeleitet wird, ist sie allerdings nicht bewertungsfrei.

b) Die umfassende Kapitalflußrechnung

Eine weitere Grundform der Kapitalflußrechnung entsteht, indem man die GuV in die Bewegungsbilanz integriert. Hierzu wird der Gewinn (= Eigenkapitalveränderung) durch seine Aufwands- und Ertragskomponenten ersetzt[51].

---

48 Ausführlich am Beispiel des Jahresabschlusses der Siemens AG: Weber / Tiedau, DB 1984, S. 519ff und Tabelle 3.

49 Chmielewicz / Caspari, aaO, S. 157; Käfer, Praxis, S. 21.

50 Flohr, WPg 1964, S. 314.

51 Exemplarisch: Chmielewicz / Caspari, aaO, S. 159, siehe auch die Skizze S. 165; Coenenberg / Schmidt, aaO, S. 508 Anm. 17.

Aus den buchungstechnischen Zusammenhängen im System der doppelten Buchhaltung folgt, daß diese Rechenoperation (näherungsweise) zu den ursprünglichen Zahlungsströmen zurückführt: Da sich jede Zahlung entweder als Aufwand/Ertrag oder als Veränderung einer Bilanzposition auswirkt, heben sich die erfolgswirksamen, aber in der Berichtsperiode liquiditätsunwirksamen Vorgänge auf. Sie erscheinen sowohl als Mittelherkunft als auch als Mittelverwendung. Beispiel: Abschreibungen sind in der GuV Aufwand und bilanziell eine Aktivabnahme[52]. Bei der Kumulation bleiben damit nur die liquiditätswirksamen Geschäftsvorfälle erhalten. Um eine Darstellung der Liquiditätsbewegungen zu erhalten, muß die Rechnung allerdings noch umgeformt werden.

c) Fondsbildung

Die Betrachtung der gesamten „Werte“ oder „Mittel“ des Unternehmens läßt sich auf einen abgegrenzten Vermögensteil verengen. Hierzu werden die in ihrer Veränderung explizit dargestellten Bilanzpositionen ausgegliedert und unter der Bezeichnung „Fonds“ zu einer buchhalterischen Einheit zusammengefaßt[53]. Der Fondsinhalt ist grundsätzlich frei bestimmbar[54], überwiegend wird der Fonds jedoch aus Geldmitteln oder leicht liquidierbaren Vermögensgegenständen gebildet[55]. In dieser Form stellt die Rechnung näherungsweise die liquiditätswirksamen Geschäftsvorfälle dar. Besteht der Fonds nur aus Aktiva, so handelt es sich um einen sogen. „Brutto-Fonds“. Werden von den Vermögensgegenständen die Verbindlichkeiten mit gleicher Fristigkeit abgezogen, entsteht ein „Netto-Fonds“.

Die Klassifizierung aller Konten als Fonds-Konten oder Nicht-Fondskonten (andere Konten) läßt vier Gruppen von Buchungen entstehen[56]:

Soll / Haben	Fondskonten	Andere Konten
Fonds-konten	Umsätze zwischen Fondskonten	Zugänge zum Fonds
Andere Konten	Abgänge aus dem Fonds	Umsätze zwischen anderen Konten

[52] Kalinski, aaO, S. 87.

[53] Coenenberg, aaO, S. 402f; Jonas, DB 1976, S. 2361.

[54] Siehe die Darstellungen der Fondstypen bei: Coenenberg / Schmidt, aa0, S. 509; Käfer, Praxis, S. 41f und 49ff; Kloock, BFuP 1979, S. 473; Kurras, DB 1976, S. 2074.

[55] Käfer, Praxis, S. 24; Dinkel, Die Untenehmung 1974, S. 4; Kalinski, aaO, S. 89ff; zur Bedeutung der Fondsabgrenzung Schoppen, aaO, S. 71f.

Die Veränderungen des Fonds lassen sich sowohl mittels einer „Fondsveränderungsrechnung“ als auch in einer „Fondsstromrechnung“ darstellen[57]:

(1) Zur Dokumentation der Veränderungen der Zusammensetzung des Fonds bildet die „Fondsveränderungsrechnung“ die Änderungen der einzelnen Fondskonten ab. Als partielle Bewegungsbilanz macht sie die Veränderungen innerhalb der Struktur des Finanzmittelbestandes deutlich[58]. Schoppen nennt die Rechnung daher „Nachweis der Fondsmittelveränderungen“[59], Käfer spricht plastisch von einem „Liquiditätsentwicklungsnachweis“[60].

Beispiel einer *Fondsveränderungsrechnung* auf der Basis des Fonds „Bald netto verfügbare Geldmittel“[61]

1. – Vermehrung der Bankguthaben	20	
– Vermehrung der bald fälligen Geldforderungen	18	
		38
2. – Abnahme des Kassenbestandes	9	
– Zunahme der bald fälligen Geldschulden	17	
		26
3. Vermehrung der bald netto verfügbaren Gelder		12

(2) Die „Fondsstromrechnung“ erklärt als eigentliche Kapitalflußrechnung die Variation des Fonds[62]. Sie nutzt es aus, daß sowohl die Bewegungsbilanz als auch die um die GuV erweiterte umfassende Kapitalflußrechnung mathematische Gleichungen sind[63]. Es liegt nahe, die Ausgliederung des Fonds als Auflösung der Gleichung zu den Fondskonten zu begreifen und die Veranlassung für die Bewegungen des Fonds in den Veränderungen der übrigen Posi-

---

[56] Das folgende Schema ist eine vereinfachte „Umsatzmatrix“, die als umfassende Grundform der Kapitalflußrechnung angesehen wird, v. Wysocki, WPg 1971, S. 619f; siehe auch Schoppen, aaO, S. 65f.

[57] Kurras, DB 1976, S. 2122f; von Wysocki, WPg 1976, S. 22; zum konzeptionellen Aufbau Kloock, BFuP 1979, S. 469ff; Kalinski, aaO, S. 83ff.

[58] Käfer, Kapitalflußrechnungen, S. 47; Dinkel, Die Unternehmung 1974, S. 7f; Weber, DB 1979, S. 613; Schoppen, aaO, S. 66.

[59] Schoppen, aaO, S. 68.

[60] Käfer, Praxis, S. 25 ; ders., Kapitalflußrechnungen, S. 48.

[61] In Anlehnung an das Beispiel bei Käfer, Kapitalflußrechnungen, S. 51.

[62] Käfer, Kapitalflußrechnungen, S. 55; Weber, DB 1979, S. 611.

[63] Ähnlich Käfer, Kapitalflußrechnungen, S. 43: Der nach dem Ausscheiden des Fonds verbleibende Rest kann ebenfalls als ein Fonds aufgefaßt werden und der Saldo der Änderungen der Fondsbestände ist gleich dem Saldo der Änderungen der übrigen Bestände der Bilanz.

tionen zu suchen[64]. Die Fondsstromrechnung stellt daher die Änderungen der Nichtfondskonten dar und interpretiert diese als Ursachen der Fondsveränderungen[65]. Wird der „Fonds" als Vorrat barer oder auf Bankkonten frei verfügbarer Geldmittel definiert, so gibt die Fondsrechnung an, welche Gelder durch die Unternehmenstätigkeit zugeflossen sind und für welche Zwecke sie ausgegeben wurden. Gegenstand und Darstellungsweise der Finanzfondsrechnung decken sich daher weitgehend mit der altüberlieferten Kassenbewegungsrechnung[66].

Beispiel einer *Fondsstromrechnung* auf der Basis des Fonds „Netto-Geldvermögen"[67]

1. Zugänge zum Netto-Geldvermögen	
a) Zugänge aus der Umsatztätigkeit	19
b) Anstieg langfristiger Verbindlichkeiten	3
c) Erhöhung des Grundkapitals	4
	26
2. Abgänge vom Netto-Geldvermögen	
a) Zunahme der Vorräte	5
b) Investitionen in Sach- und Finanzanlagen	8
c) Ausschüttungen	2
	15
3. Zunahme des Netto-Geldvermögens	11
	26

(3) Geschäftsvorfälle, die nur Nicht-Fondskonten betreffen (z.B. die Anschaffung von Anlagegütern auf Kredit) werden in der Fondsrechnung nicht ausgewiesen. Es wird daher gefordert, die bedeutenden Investitions- und Finanzierungsentscheidungen zusätzlich darzustellen[68].

---

64 Käfer, Praxis, S. 26.

65 Schoppen, aaO, S. 68, bezeichnet sie daher auch als „Ursachenrechnung" und Kurras nennt sie „Gegenbeständerechnung", DB 1976, S. 2075; vgl. auch v. Wysocki, WPg 1971, S. 620f; ders. WPg 1976, S. 20; kritisch: Käfer, Praxis, S. 27.

66 Käfer, Kapitalflußrechnungen, S. 55.

67 In Anlehnung an das Beispiel von Wysockis', WPg 1971, S. 621.

68 Stellungnahme des HFA des IdW, abgedruckt z.B. in WPg 1978, S. 208; Busse von Colbe in HWR, Sp. 898; Heath, JoAcc Oktober 1978, S. 94, 100ff; Henry, JoAcc April 1975, S. 56f.

d) *Mittelbare und unmittelbare Ermittlung*

Die Fondsrechnungen ließen sich theoretisch unmittelbar aus den Grunddaten der betrieblichen Buchhaltung ableiten[69]. Eine Fondsstromrechnung auf der Basis eines Liquiditätsfonds wäre unmittelbar anhand der Buchungen auf den Geldkonten (Kasse- und Bankkonten) aufzustellen. Hierzu müßten die originären Geldbewegungsdaten nach den Grundsätzen einer Kassenbewegungsrechnung geordnet werden[70].

In der Unternehmenspraxis wird die Fondsrechnung regelmäßig aus den Zahlen der GuV und der Bilanz abgeleitet[71]. Ausgangspunkt der „derivativen" Kapitalflußrechnung ist stets der Gewinn oder der Verlust. Die fondsunwirksamen Positionen der GuV werden sodann eliminiert, d.h. nicht fondswirksame Erträge werden subtrahiert und nicht fondswirksame Aufwendungen (z.B. Abschreibungen) wieder addiert. Die Mittelzuflüsse aus laufender Geschäftstätigkeit werden häufig als „Innenfinanzierung" getrennt aufgeführt[72].

2. Der Begriff der Kapitalflußrechnung

Der Begriff der „Kapitalflußrechnung" wurde erstmals von Käfer Mitte der 60er Jahre geprägt[73]. Trotz Kritik hat sich diese Bezeichnung in der Betriebswirtschaftslehre überwiegend durchgesetzt[74]. Jahresrechnungen, die Mittelbewegungen darstellen, werden heute überwiegend als „Kapitalflußrechnung" bezeichnet. Es sind jedoch auch andere Termini anzutreffen, in denen sich die kaum überschaubare Vielfalt der Formen und die unterschiedlichen Meinungen über den Hauptzweck der Kapitalflußrechnung widerspiegeln[75]. Die Begriffe „Liquiditätsausweis"[76], „Geldflußrechnung", „Finanzbewegungsrechnung"[77], „Finanzrechnung"[78], „Finanzierungsrechnung"[79], „Finanzfluß-

---

[69] Siehe die Übersicht bei Kalinski, aaO, S. 73.

[70] Käfer, Praxis, S. 22; Kloock, BFuP 1979, S. 469, 471.

[71] Busse von Colbe, in HWR 1981 zum Stichwort „Kapital- und Finanzflußrechnung", Sp. 897f.

[72] Exemplarisch Jonas, DB 1978, S. 1458, kritisch besprochen bei Kalinski, aaO, S. 154ff.

[73] HFA des IdW im Entwurf einer Verlautbarung zur Kapitalflußrechnung als Ergänzung des Jahresabschlusses, WPg 1976, S. 56.

[74] Schoppen, aaO, S. 61.

[75] Von Wysocki, WPg 1971, S. 617, 618.

[76] Käfer, Kapitalflußrechnungen, S. 5.

[77] Jonas, DB 1976, S. 2361.

[78] Chmielewicz in HWF, Sp. 616 zum Stichwort „Finanz- und Erfolgsplanung, integrierte".

[79] Busse von Colbe, ZfB 1966 Ergänzungsheft 1, S. 83.

rechnung"[80] und „liquiditätsbezogene Ergänzungsrechnung" weisen darauf hin, daß Zahlungsströme dargestellt werden. Die Bezeichnungen „Wertflußrechnung"[81] und „Mittelflußrechnung" deutet hingegen an, daß die Bewegungen sämtlicher Mittel abgebildet werden sollen.

Die Vielfalt der Begriffe und terminologische Mißverständnisse[82] verbieten eine kritiklose Übernahme der Bezeichnung „Kapitalflußrechnung". Dieser Terminus ist vielmehr auf seinen Bedeutungsinhalt und seine Eignung zur Charakterisierung der gemeinten Rechnungsart zu untersuchen:

a) Auslegung der Wortbedeutung

Der Begriffsteil „-fluß" bezieht sich auf die Bewegung, Veränderung und Umwandlung des (Geld-)Vermögens und Kapitals bei der Verfolgung des Unternehmenszweckes. Er vollzieht zugleich die inhaltliche Verwandtschaft der Kapitalflußrechnung zum „Cash-Flow" begrifflich nach.

Als „Rechnung" erhebt die Kapitalflußrechnung den Anspruch, ähnlich der Bilanz und der GuV Jahressummen nach einem bestimmten allgemeingültigen oder übereinstimmend verwendeten Gliederungsschema darzustellen. Der Begriff der Rechnung wird im Folgenden entsprechend dieser Definition verwendet. Von einer Rechnung ist darüber hinaus die Ermittlung eines als besonders aussagekräftig angesehenen Saldos zu erwarten, der in seinen Komponenten und Ursachen darzustellen ist. So dient die Bilanz (auch) der Berechnung des Eigenkapitals als Saldo von Vermögen und Fremdkapital und die GuV der Berechnung des Jahresergebnisses (Gewinn / Verlust) als Saldo von Aufwendungen und Erträgen. Ebenso wie der Terminus „-fluß" wird auch der Begriffsteil „-rechnung" in einigen konkurrierenden Bezeichnungen verwendet (z.B. „Finanzflußrechnung", „Geldflußrechnung"). Als Prüfstein für die Eignung des Terminus „Kapitalflußrechnung" sind beide Begriffselemente daher ungeeignet.

Als diffus und schwer erfaßbar erweist sich der bedeutungsdominante Begriffsteil „Kapital-". Die fehlende Anschaulichkeit des Terminus Kapitalflußrechnung ist auf seine vieldeutige Unbestimmtheit zurückzuführen. Nationalökonomie, Geschichtswissenschaft, Soziologie, Politologie und Theologie verwenden ihn in den unterschiedlichsten Bedeutungsversionen[83]. Auch im Recht wird der Begriff „Kapital" uneinheitlich definiert. Das Aktiengesetz kennt das Grundkapital, § 7 AktG, sowie die Kapitalerhöhung, § 182 AktG, und meint in beiden Fällen eine Bilanzposition auf der Passivseite. Das

---

[80] Alpers, DB 1977, S. 641.

[81] Flohr, WPg 1964, S. 314.

[82] Chmielewicz / Caspari, aaO, S. 157, 160f.

[83] Wossidlo in HWR, Sp. 1675 zum Stichwort „Vermögen, Schulden, Kapital".

Steuerrecht nimmt mit den Begriffen Gewerbekapitalsteuer, § 12 GewStG, und Kapitalverkehrssteuer keine strikte begriffliche Trennung zwischen dem Vermögen als Aktivum und dem Kapital als Passivum vor.

In der Betriebswirtschaftslehre definiert eine Meinung „Kapital" als die abstrakte Wertsumme aller Vermögensteile. Danach ist Kapital alles, was auf der Passivseite der Bilanz steht[84]. Nach der natürlichen Wortbedeutung ist ein zu Investitionszwecken zur Verfügung stehender Geldbetrag „Kapital". Entsprechend versteht auch die herrschende Betriebswirtschaftslehre das Kapital monetär als „Geld für Investitionszwecke"[85], die abstrakte Wertsumme aller Vermögensteile[86] oder den „bereitgestellten Bestand an Kaufkraft"[87]. „Kapital" ist damit zu definieren als „die Gesamtheit der bilanziellen Passiva"[88].

b) Eignung des Begriffs „Kapitalflußrechnung"

Die Kapitalflußrechnung gibt nun aber gerade nicht primär die Veränderungen des bilanziellen Eigen- und Fremdkapitals wieder. Sie stellt vielmehr Posten beider Seiten der Bilanz oder sogar vorrangig der Aktivseite dar. Aus diesem Grunde ist es daher fraglich, ob der Begriff „Kapitalflußrechnung" diese Form der Jahresrechnung treffend bezeichnet[89].

Auf der Suche nach einer besseren Bezeichnung muß man jedoch feststellen, daß sich Alternativbegriffe entweder nur auf die Aktivseite beziehen („Mittel-") oder sogar nur einen kleinen Ausschnitt daraus ansprechen (z.B. Finanz-, Liquiditäts- oder Geldflußrechnung). Es zeigt sich, daß die in den Begriffen der doppelten Buchführung denkende Bilanzlehre den benötigten Terminus, der sowohl Vermögensgegenstände als auch Verbindlichkeiten umfaßt, nicht zur Verfügung stellt[90].

Soweit die Bewegungen aktivischer und passivischer ökonomischer Werte dargestellt werden, ist folglich jede Bezeichnung unzulänglich; daher sind die Bedenken gegen den Terminus „Kapitalflußrechnung" nicht zwingend. Für diese Rechnungen kann Käfer gefolgt werden, der seine Namensgebung damit begründet, die Kapitalflußrechnung zeige die Beschaffung, Verkörperung,

---

[84] Penzkofer in HWB, Sp. 1416 zum Stichwort „Finanzierungs- und Finanzlehre".

[85] So zurecht Preisner „Der Kapitalbegriff und die neue Theorie" in Festschrift für Wilhelm Rieger, 1953 S. 14 - 38, zitiert bei Wittmann in HWF, Sp. 947 zum Stichwort „Kapital, Betriebswirtschaftliche Betrachtungsweise" mit einem ergänzenden Hinweis auf Preisner, Bildung und Verteilung von Volkseinkommen, 3. Auflage 1963, S. 99 - 123; weitere Nachweise bei Baetge in HWB, Sp. 2090.

[86] Penzkofer in HWB, Sp. 1416.

[87] Wossidlo in HWR, Sp. 1669; Wittmann in HWF, Sp 947.

[88] Baetge in HWB, Sp. 2090 m.w.N. zum Stichwort „Kapital und Vermögen".

[89] Die Einseitigkeit des Begriffes kritisiert Weber, DB 1979, S. 611.

[90] Weber schlägt die Bezeichnung „Vermögens- und Kapitalflußrechnung" vor, aaO, S. 611.

Verwendung und den Verbleib des betrieblichen Kapitals im Wandel seiner Erscheinungsformen[91]. In jedem Vermögensgegenstand stecke stets „Kapital, das zu-, durch- oder abfließe und hierbei immer andere Formen annehme". Für alle diese Verwandlungen darstellenden Rechnungen passen die Bezeichnungen „Kapitalverwandlungsrechnung" oder „Kapitalquellen- und Kapitalverwendungsrechnung"[92], die Käfer auf den Namen „Kapitalflußrechnung" verkürzt hat[93]. Letzlich gebietet auch das Interesse der Verständlichkeit, grundsätzlich die am weitesten verbreitete und von der herrschenden Meinung in der Betriebswirtschaftslehre vertretene Bezeichnung „Kapitalflußrechnung" zu verwenden.

Soweit sich die zu bezeichnende (Kapitalfluß-)Rechnung allerdings darauf beschränkt, nur Vermögens- oder Geldbewegungen abzubilden, ist der „Kapital"-Begriff zu unbestimmt und daher nur als umfassender Oberbegriff brauchbar. Im übrigen ist für Rechnungen mit einem beschränkten Fonds die Bezeichnung „Fondsrechnung" zu verwenden und bei entsprechender Fondsdefinition als „Geld-" oder „Finanz-"Fondsrechnung genauer zu charakterisieren[94].

III. Der Kapitalflußrechnung verwandte Rechnungen

Mit einigen ihrer vielfältigen Erscheinungsformen steht die Kapitalflußrechnung in engen Beziehungen zu anderen Rechenformen, mit denen verwandtschaftliche Ähnlichkeiten bestehen.

1. Der Cash-Flow

Die Bilanzanalyse widmet der Ermittlung der – aus dem herkömmlichen Jahresabschluß nicht unmittelbar ersichtlichen – Geldbewegungen besondere Aufmerksamkeit[95]. Um den in der Abrechnungsperiode durch die Geschäftstätigkeit erzielten Zahlungsüberschuß zu ermitteln, bedient sich eine Anfang der 50er Jahre in Erscheinung getretene Methode[96] der Rückrechnung. Einige Aufwendungen, die das Jahresergebnis gemindert haben, aber offensichtlich nicht mit Geldabflüssen verbunden waren, werden zu dem Jahresergebnis wieder hinzuaddiert. Hieraus ergibt sich der Analysewert „(Netto-)Geldzufluß aus Geschäftstätigkeit", den man auch im deutschen Sprachraum mit dem

---

91 Ähnlich: Busse von Colbe, aaO, S. 83.

92 Gutenberg, Betriebswirtschaftslehre II, S. 118.

93 Käfer, Kapitalflußrechnungen, S. 55.

94 In diesem Sinn auch: Lachnit, Zeitraumbilanzen, S. 133.

95 Münch, DB 1969, S. 1301; Kurras, DB 1976, S. 2122f.

96 Lachnit, ZfBF 1973, S. 59.

englischen Namen „Cash-Flow" bezeichnet. Der Cash-Flow wird nach folgender Basis-Formel berechnet[97]:

	Jahresüberschuß / Jahresfehlbetrag
+	Abschreibungen (./. Zuschreibungen)
+	Erhöhung (./. Verminderung) von langfristigen Rückstellungen
=	Cash-Flow

Die Fähigkeit, durch die Geschäftstätigkeit Zahlungsüberschüsse zu erzielen, wird als Maßstab sowohl des Ertragspotentials als auch der Finanzierungs- und Schuldentilgungskraft des Unternehmens angesehen[98]. Die Methode der Berechnung des Cash Flow ist jedoch recht ungenau, den tatsächlichen Geldzufluß kann sie nur näherungsweise ermitteln. Erst wenn im Rahmen des sogen. „Totalen Cash Flow" alle Aufwendungen und Erträge zurückgerechnet werden, die nicht auf Zahlungen der Berichtsperiode beruhen, ergibt sich der tatsächliche Zahlungsüberschuß aus Geschäftstätigkeit[99].

	Jahresüberschuß/-fehlbetrag
+	alle nicht auszahlungswirksamen Aufwendungen
./.	alle nicht einzahlungswirksamen Erträge
=	Zahlungsüberschuß aus Geschäftstätigkeit

Das Rechenschema zur Berechnung des Cash Flow gleicht der Darstellung der Innenfinanzierung im Rahmen einer Fondsrechnung auf der Basis eines Liquiditätsfonds[100]. Der Cash Flow wird somit im Rahmen einer Geldfondsrechnung als „Innenfinanzierung" ausgewiesen. Der Cash Flow präsentiert sich damit überraschend als Ausschnitt aus einer Kapitalflußrechnung[101]. Dogmatisch ist die Cash-Flow-Berechnung eine „rudimentäre Kapitalflußrechnung"[102]. Zu einer (vollständigen) Kapitalflußrechnung fehlt dem totalen

[97] Großfeld, Bilanzrecht, S. 292; siehe auch die Darstellung bei Chmielewicz / Caspari, aaO, S. 157, 164.

[98] Stüdemann, WPg 1970, S. 396.

[99] Chmielewicz / Caspari, aaO, S. 158; Neubert, WPg 1972, S. 660; Weber / Tideau, DB 1984, S. 465.

[100] Busse von Colbe, aaO, S. 88.

[101] Zum Verhältnis von Cash-Flow und Bewegungsbilanz: Peupelmann, DB 1971, S. 62; Käfer, Praxis, S. 22; zu den Zusammenhängen von Cash Flow und Bewegungsbilanz siehe Chmielewicz / Caspari, aaO, S. 158, insbes. Ziff. (6); Achtermeyer, DB 1973, S. 1086 bezeichnet das Funds-Statement daher zurecht als „Vorläufer" der Cash-Flow Analyse.

[102] So treffend Kalinski, aaO, S. 107.

Cash Flow nur noch eine Darstellung der finanziellen Auswirkungen sämtlicher Investitionen und Finanzierungen der Berichtsperiode. Durch eine entsprechende Erweiterung der Darstellung läßt sich der Cash Flow zu einer Kapitalflußrechnung ausbauen

2. Der Finanzplan

Als betriebsinternes Steuerungsinstrument stellen insbesondere größere Unternehmen regelmäßig einen „Finanzplan" auf. Der Finanzplan ist eine dynamische Prognoserechnung. Sein Ziel ist, die ständige Zahlungsfähigkeit des Unternehmens (voraus-)planend sicherzustellen. Hierzu stellt er – jeweils bezogen auf den Zeitpunkt der voraussichtlichen Zahlung – die erwarteten Geldeinzahlungen den erwarteten Geldauszahlungen gegenüber. Bei richtigen Vorhersagen zeigt der Finanzplan drohende Liquiditätsengpässe frühzeitig an. Der Finanzplan erstreckt sich im Rahmen der kurzfristigen Planung üblicherweise auf ein Jahr im voraus und wird monatsweise fortgeschrieben[103]. Seine weite Verbreitung in der Praxis begründet sich auch auf den Umstand, daß die Genauigkeit der Vorhersagen verbessert werden konnte und der Finanzplan seine Planungsaufgaben zufriedenstellend erfüllt.

---

103 Siehe hierzu Reichmann in HWB 1974, Sp. 1477ff und Witte in HWR 1981, Sp. 517ff, beide zum Stichwort „Finanzplanung" und m.w.N.

B. Die Kapitalflußrechnung im Recht der USA

I. Die Geschichte der Rechnungslegung

Die Kapitalflußrechnung hat als Bestandteil der Rechnungslegung in den USA eine lange Tradition. Getreu der Lebensweisheit „What is past is prologue – study the past“[1] lohnt es, einen Blick über die Entwicklung des Rechnungswesens und die Geschichte der Kapitalflußrechnung schweifen zu lassen. Erst dies macht die heutige Stellung der Kapitalflußrechnung als einen festen Bestandteil des Jahresabschlusses verständlich.

1. Die Entwicklung des Rechnungswesens

Der Sezessionskrieg endete 1865 mit dem Sieg des industriell geprägten Nordens. In der Folgezeit nahm die Wirtschaft einen rasanten Aufschwung. Begünstigt durch Einwanderungswellen wuchs in dem an Bodenschätzen reichen, aber noch nahezu unerschlossenen riesigen Land die Industrieproduktion mit einer nie gekannten Geschwindigkeit[2]. In dieser Zeit der industriellen Revolution wurde die Entwicklung des Buchführungs- und Buchprüfungswesens in den USA maßgeblich von zwei Faktoren beeinflußt, die beide ihren Ursprung in dem immensen Kapitalbedarf einer Volkswirtschaft hatten, die sich in weniger als 100 Jahren zur führenden Weltwirtschaftsmacht entwickeln sollte:

a) Der Kapitalbedarf lockte viele Investoren an, die vor allem aus dem Vereinigten Königreich Großbritannien große Geldsummen in die ehemaligen nordamerikanischen Kolonien transferierten. Um sich über die Verwendung ihres Geldes und den erwirtschafteten Gewinn zuverlässig zu informieren, setzten die Investoren ihre englischen und schottischen Buchprüfer (accountants) ein[3], die bereits gegen Ende des 19. Jahrunderts einem traditionsreichen

---

[1] Aufschrift auf dem Grundstein des National Archives in Washington D.C., zitiert nach Heller, Disclosure Requirements under Federal Securities Regulations, in Wander / Grienenberger (Hrsg.), Selected Articles on Federal Securities Law, S. 98.

[2] Vgl. die statistischen Angaben bei Lee u. a., Population, Redistribution and Economic Growth, United States 1870 - 1950, Band I, insbes. die Tabellen „Economic Aspects“, S. 636 und „Value of Products of Manufactoring Establishments, 1869 - 1939“, S. 692.

[3] Kelley, Financial accounting and reporting: from simple bookkeeping to beeing awash in a sea of disclosure, Financial Executive, Juli 1976, S. 15f; Maurice E. Peloubet in Backer (Hrsg.), Handbook of Modern Accounting Theory, S. 33f.

und fachlich hochentwickelten Berufsstand angehörten[4]. Mit ihren reichen Erfahrungen und breitem Wissen gaben sie der Entwicklung des Buchführungs- und Buchprüfungswesens fruchtbare Impulse. Viele Accountants blieben auch nach Beendigung ihres Auftrages in den USA[5]. Sie bildeten dort einen Grundstock des neu entstehenden Berufsstandes der „öffentlich bestellten Buchprüfer", der sich bereits 1887 in New York mit der Gründung der Standesorganisation „American Institute of Certified Public Accountants" (AICPA) formell konstituierte[6].

b) Ein weiterer Teil des Kapitalbedarfes wurde durch die Gründung einer Vielzahl von Kapitalgesellschaften (corporations) aufgebracht[7], die gegen Ende des 19. Jahrhunderts in großer Zahl gegründet wurden. Die Zeitschrift „The Office" beschrieb im Februar 1887 in anschaulicher Weise die Ursachen dieser Gründungswelle (Übersetzung durch den Verfasser)[8]:

> „Die gewerblichen Aktivitäten, die früher durch Einzelpersonen und Personengesellschaften abgewickelt wurden, gehen mehr und mehr auf Kapitalgesellschaften über. Es kann nicht überraschen, daß große Aufgaben wie der Bau und Betrieb von Eisenbahnen, Dampfmaschinen, Telegraphen und überhaupt alle Arten der Gewerbe, die teuere Produktionsanlagen und große Kapitalbeträge erfordern, sinnvoll durch Kapitalgesellschaften bewältigt werden. Keine Einzelfirma wäre in der Lage, genügend Kapital aufzubringen, um diese kolossalen Vorhaben zu finanzieren. Ohne das Hilfsmittel der Kapitalgesellschaft wären die nützlichsten Pläne nicht durchführbar. Was das Kapital Einiger nicht erreichen kann, schafft der gesammelte Verdienst von Hunderten oder Tausenden."

Die Gründung der Publikumsaktiengesellschaften verstärkte das Bedürfnis nach geordneter Buchführung und aussagekräftigen Jahresabschlüssen. Die Haftungsbeschränkung der Anteilseigner begründete ein besonderes Interesse der Gläubiger, über das Vermögen der corporation und ihre Ertragslage informiert zu werden[9]. Ein weiterer Gesichtspunkt war die Trennung von Eigentum und Herrschaft in der Kapitalgesellschaft[10]. Die von der Geschäftsführung ausgeschlossenen Anteilseigner wollten über die Verwendung ihres Geldes, den Erfolg und das Wachstum „ihres" Unternehmens unterrichtet werden[11]. Hierzu bedurfte es einer geordneten Rechnungslegung[12]. Mit dem

[4] Carey, Rise of the Accounting Profession, S. 18 - 21; vgl. auch Blough in Cooper / Jjiri, „Eric Louis Kohler, accounting's man of principles", S. 31.

[5] Peloubet, aaO, S. 34; Carey, aaO, S. 21f; Kelley, aaO, S. 16.

[6] Brown, A History of Accounting and Accountants, 1. Auflage London 1905, unveränderter Nachdruck 1968, S. 271ff; zur Geschichte des Berufstandes vgl. auch Edwards, History of Public Accounting in the USA, S. 49ff.

[7] Lamden, The Securities and Exchange Commission, S. 75.

[8] The Office 1887, Volume 2, S. 23.

[9] Littleton, Accounting Evolution to 1900, S. 242ff.

[10] Weitere Ursachen waren das Interesse der Banken an einer Kontrolle der Kreditwürdigkeit ihrer Kunden und die Einführung der Bundes-Ertragssteuer im Jahre 1917, vgl. Foulke, Practical Financial Statement Analysis, S. 22f.

[11] Ebke, aaO, S. 95 m.w.N.; Carey, aaO, S. 16f; Lamden aaO, S. 56.

Strukturwandel von Einzelunternehmen und Personengesellschaften zu Publikumskapitalgesellschaften erlangte das Buchführungs- und Jahresabschlußwesen bereits im 19. Jahrhundert eine herausragende Bedeutung[13].

Die Rechnungslegung entwickelte sich jedoch zunächst nicht aufgrund gesetzlicher Vorschriften; solche fehlten noch. Der Antrieb lag vielmehr zunächst im ureigensten Interesse der Kapitalgesellschaften: Die veröffentlichten Jahresabschlüsse wurden weit verbreitet und von einem großen Anlegerpublikum aufmerksam gelesen. Gegen Ende des 19. Jahrhunderts waren in den USA bereits mehrere jährlich erscheinende Aktienführer auf dem Markt[14]. Nur Kapitalgesellschaften, die ihren Geschäftsverlauf in einem veröffentlichten Jahresabschluß dokumentierten, konnten sich die Werbewirkung dieser Publikationen zunutze machen und neues Anlagekapital erschließen. Der Bestimmungszweck prägte das Erscheinungsbild der Jahresabschlüsse, die sehr übersichtlich und leicht verständlich gestaltet wurden. Es war üblich, die Daten mehrerer Jahre vergleichend nebeneinander zu stellen und Formen der Bilanz- und Kostenanalyse in die Veröffentlichung zu integrieren.

Das Rechnungs- und Buchhaltungswesen in den USA wurde bereits zum Ende des 19. Jahrhunderts wissenschaftsähnlich dogmatisch durchdrungen[15]. Hervorzuheben ist der Beitrag der Eisenbahngesellschaften, die mit immensen privaten Investitionen einen bedeutenden Teil der Erschließung der weiten Landmassen des Westens der USA trugen. Ihr Kosten- und Buchhaltungswesen war seiner Zeit weit voraus[16].

2. Die Ursprünge der Kapitalflußrechnung

a) Die Kapitalflußrechnung wurde in den USA erstmals in dem 1908 veröffentlichten Lehrbuch von William Morse Cole „Accountants, Their Construction and Interpretation" behandelt. Cole interpretierte die Veränderungen der Bilanzpositionen als Mittelquellen („where got") und Mittelverwendung („where gone")[17]. Sein „Where got, where gone statement" war systematisch eine Bewegungsbilanz[18]. Seit Cole wird der Vergleich von Bilanzposten aufein-

---

12 Lamden, aaO, S. 56.

13 Foulke, aaO, S. 5.

14 Führend Henry v. Poor, Manual of the Railroads of United States, New York seit 1868.

15 Ebenso Kelley, Financial Executive, Juli 1976, S. 15; zur Entwicklung der privaten „Business Schools" und den ersten „Schools of Higher Accountancy" vgl. Green, History and Survey of Accountancy, S. 183ff.

16 Exemplarisch: Kirkmann, Railway Expenditures, in zwei Bänden, 1. Aufl. 1880; die „Association of American Railway Accounting Officers" kam 1915 in Atlanta bereits zu ihrem 31. Jahrestreffen zusammen.

17 Cole, William Morse, Boston, New York, Chicago 1908, S. 99ff, insbes. S. 100.

18 Siehe auch Cole, Accounting and Auditing, 1910, S. 330ff.

ander folgender Jahre und ihre Interpretation in den Buchhaltungslehrbüchern behandelt[19]. Auch die Ausgliederung eines Fonds[20] wird in den amerikanischen Darstellungen auf Cole und sein im Jahre 1908 erschienenes Buchhaltungslehrbuch „Accountants for Business Men and Students of Affairs" zurückgeführt[21].

b) Bereits vor den wissenschaftlichen Bearbeitungen veröffentlichten einige Unternehmen in ihren Jahresabschlüssen Formen der Kapitalflußrechnung. Rosen und de Coster haben in alten Quellen Jahresabschlüsse ausgewertet und die Entwicklung der Kapitalflußrechnung und des Funds Statements bis in das 19. Jahrhundert zurückverfolgt[22]:

(1) Bereits 1863 veröffentlichte die Eisenbahngesellschaft „The Northern Central Railroad" ein „Summary of the financial transactions of the company".

(2) Der Jahresabschluß der „American Bell Telephone Company" umfaßte für das am 31. März 1881 endende Geschäftsjahres auch ein „Cash Statement". Diese Rechnung stellte die Ursachen der Veränderung des Vorrats an Geldmitteln dar. Da das Cash Statement zwischen den jährlich wiederkehrenden (operating) und den seltenen (long lived) Ausgaben unterschied, kann es als ein Vorläufer der gesonderten Darstellung des Ergebnisses aus Geschäftstätigkeit angesehen werden.

(3) Die „Missouri Pacific Railway Company" und ihre Tochtergesellschaft die „St. Louis, Iron Mountain & Southern Railway" verwendeten den Namen „Statement showing Resources and their Application during the year 1893" für eine Rechnung, die die Mittel-Quellen (resources) unter folgenden vier Überschriften auflistete:

- Gewinn aus Geschäftstätigkeit laut GuV
- Außerordentliche Einkünfte
- Zunahme der Verbindlichkeiten
- Abnahme des Vermögens

---

[19] Exemplarisch: Stockwell, Net Worth and the Balance Scheet, New York 1912, insbes. S. 182ff; Lyons and Read, Lyons' Bookkeeping, 3. Aufl. 1913, S. 212; Klein, Elements of Accounting, New York und London 1920, S. 230.

[20] Der amerikanische Begriff des „funds statement" läßt sich – zumindest in der älteren Literatur bis ca. 1920 – nicht ohne weiteres mit der deutschen Bezeichnung „Fondsrechnung" gleichsetzen. Ähnlich dem weiten Begriff der „Kapitalflußrechnung" (siehe oben A. II. 2.) wird in den USA die Bezeichnung des „funds statements" undifferenziert für alle unterschiedlichen Rechnungsformen verwendet. Eine Ausgrenzung der Formen der Veränderungs- und Bewegungsbilanz kann dem Begriff daher nicht entnommen werden.

[21] Käfer, Kapitalflußrechnungen, S. 5; Corbin, Accounting Review 1961, S. 389.

[22] Rosen / de Coster, „Funds" Statement: A Historical Perspective, Accounting Review 1969, S. 124ff.

In entsprechender Weise wurden auch die Verwendungen (applications) aufgegliedert.

Die Darstellungen der Northern Central Railroad und der American Bell Telephone Company ließen sich noch als Kassenbewegungsrechnung interpretieren. Das „Statement showing Resources and their Application" überschritt hingegen eindeutig die Schwelle zur Interpretation der Bilanzveränderungen als Mittelherkunft bzw. Mittelverwendung. Es erfüllte damit bereits das Wesensmerkmal der Kapitalflußrechnung.

(4) Weitere Entwicklungen offenbarte 1902 die „United States Steel Corporation" in ihrem „Summary of Financial Operations of All Properties ... Showing the Net Resources for the Year and Disposition Thereof". Mit ihrer Unterscheidung zwischen dem Umlaufvermögen (current assets) und den sonstigen Aktiva bereitete dieses „Summery" die spätere Ausgliederung des Fonds „working capital" vor. Die Fondsveränderung wurde bereits durch eine Rückrechnung („add back") ermittelt: Die Rechnung begann mit dem aus der GuV übernommenen Jahresergebnis (Profit and Loss Surplus) und rechnete liquiditätsneutrale Aufwendungen (z.B. Abschreibungen) wieder hinzu[23].

c) Auch eine Untersuchung von Thomas L. Greene aus dem Jahre 1897 beweist, daß bereits im 19. Jahrhundert Bilanzveränderungen als Mittelherkunft oder -verwendung interpretiert wurden. Greene verglich in den Jahresabschlüssen mehrer Eisenbahngesellschaften die Bilanzposten zweier aufeinanderfolgender Jahre und stellte die Differenzen zu einer Art Veränderungs- oder Bewegungsbilanz zusammen. Auch er deutete die Passivzunahmen und Aktivabnahmen als Mittelbeschaffung und entsprechend die Aktivzunahmen und Passivabnahmen als Mittelverwendung[24].

d) Als weitere frühe Quelle der Kapitalflußrechnung wird stets eine Aufgabe genannt, die im Juni 1898 in der schriftlichen Prüfung des New Yorker Examens zum Certified Public Accountant (CPA) gestellt wurde. Die Aufgabe gab die vollständigen (Schluß-)Bilanzen zweier aufeinanderfolgender Jahre vor[25]. Die Prüflinge sollten aus diesen Angaben eine Rechnung (account) aufstellen, die die Verwendung des Gewinns des zweiten Jahres darstellte. Die Aufgabe prüfte damit die Fähigkeit der CPA-Kandidaten, eine Veränderungsbilanz zu entwickeln und die Veränderungen in der Art einer Bewegungsbilanz als Mittelherkunft oder -verwendung darzustellen.

Auch in den folgenden Jahren enthielten die CPA-Examen jeweils Aufgaben zur Kapitalflußrechnung[26]. Das Journal of Accountancy veröffentlichte in

---

[23] Rosen / de Coster, aaO, S. 126.

[24] Thomas L. Greene, Corporation Finance, New York 1897, zitiert bei Käfer, Kapitalflußrechnungen, S. 6.

[25] Die Aufgabe ist mit zwei alternativen Lösungsvorschlägen abgedruckt bei Greedlinger, Accountancy Problems, 1909, S. 47ff.

seinem „Students Department" bis in die 20er Jahre hinein Lösungsvorschläge zu diesen Aufgaben, die zunächst von Walton und später von Finney redigiert wurden[27]. Obwohl die Musterlösungen nur die private Meinung ihrer Verfasser wiedergaben, erhielten sie durch ihre Veröffentlichung zwangsläufig einen offiziösen Charakter. Durch ihr jährliches Erscheinen trugen sie erheblich zur Verbreitung der Kapitalflußrechnung bei[28]. Mit diesen Besprechnungen bildete das „Students Department" des Journal of Accountancy mehrere Jahre ein wesentliche Forum für eine beständige Diskussion und Fortentwicklung der Kapitalflußrechnung (23).

e) Aus der anfänglichen Begriffsvielfalt schälte sich bereits um 1920 der Terminus „Statement of Application of Funds" heraus[29]. Das Fondskonzept setzte sich bis 1925 gegen die unspezifizierte Darstellungsweise der Veränderungs- und Bewegungsbilanz durch. Finney verwendete mit dem „working capital" bereits einen liquiditätsorientierten Fonds[30]. Entsprechend wurde das Verfahren der Rückrechnung vom Gewinn durch Eliminierung fondsunwirksamer Beträge („add back") bereits früh entwickelt[31]. In den folgenden Jahren fand die Kapitalflußrechnung zunehmend Eingang in die Schriften der Bilanz- und Betriebsanalyse[32].

Die wissenschaftliche Dikussion beeinflußte und förderte die Verwendung des Funds Statements in der Praxis. Trotzdem verbreitete sie sich zunächst nur recht langsam. 1918 stellten Paton und Stevenson fest, daß manche („some") Buchhalter solche Rechnungen aufstellten[33]. Dickerson und Jones fanden 1931 dagegen bereits „many auditors", die eine Kapitalflußrechnung verwendeten[34]. Trotzdem veröffentlichten bis zum Ende des zweiten Weltkrieges wohl nur wenige Unternehmen Kapitalflußrechnungen. Ihre innerbetriebliche Verwendung hatte jedoch bereits einen erheblichen Umfang erreicht[35]. In den

---

26 Rosen / de Coster sehen den Grund hierfür in der besonderen Eignung der Kapitalflußrechnung, das Verständnis der Buchhaltung zu prüfen, aaO, S. 129f.

27 Z.B. Walton, JoAcc „Students Department" März 1914, S. 231 und September 1915, S. 241 sowie Finney, an gleicher Stelle, JoAcc Juli 1921, S. 59ff und Dezember 1923, S. 460; weitere Nachweise bei Rosen / de Coster, aaO, S. 129 Fn. 22. Die Rolle Finney's würdigt Chatfield, A History of Accounting Thought, S. 73f.

28 Rosen / de Coster, aaO, S. 128.

29 Käfer, Kapitalflußrechnungen, S. 8; weitere Bezeichnungen hat Mason „Cash Flow" Analysis and the Funds Statement, S. 56, gesammelt.

30 Rosen / de Coster, aaO, S. 129f m.w.N.; die im Jahre 1962 verwendeten Fondsarten sind statistisch aufgestellt von Anton, Accounting for the Flow of Funds, 1962, S. 83.

31 Das „add back"-Verfahren beschreibt dogmatisch präzise: Moonitz, Inventories and the Statement of Funds, Accounting Review 1943, S. 264.

32 Käfer, Kapitalflußrechnungen, S. 9.

33 W.A. Paton / R.A. Stevenson, Principles of Accounting, New York 1918, S. 592, zitiert bei Anton, aaO, S. 47.

34 Dickerson / Jones, Accounting Review 1931, S. 277.

35 Käfer, Kapitalflußrechnung, S. 10f.

Nachkriegsjahren stieg ihr Anteil unter den veröffentlichten Geschäftsberichten rasch von 6% im Jahre 1945 auf 35% im Jahre 1960 an[36]. In einer weiteren empirischen Untersuchung des Jahres 1960 stellte Anton fest, daß mehr als 50% der Gesellschaften mit einer Bilanzsumme von mehr als 50 Millionen zumindest intern eine Kapitalflußrechnung erstellten und kleinere Gesellschaften sie immerhin noch zu über 25% verwendeten[37].

Die schnelle Ausbreitung der Kapitalflußrechnung in den späten 50er Jahren war die Basis für ihre Empfehlung durch den Accounting Principles Board des American Institute of Certified Public Accountants im Jahre 1963[38], auf die im Rahmen der Darstellung der Rechtslage einzugehen sein wird.

II. Gesetzliche Kompetenzen

Die USA sind ein Bundesstaat. Ähnlich wie in der Bundesrepublik Deutschland liegt die Gesetzgebungszuständigkeit nach der Verfassung grundsätzlich bei den einzelnen Bundesstaaten (states) und nur in enumerativ aufgeführten Fällen beim Kongress als dem Gesetzgebungsorgan des Bundes (federal). Die Einzelstaatlichkeit wird in den USA allerdings stärker betont; es fehlt eine (konkurrierenden) Gesetzgebungskompetenz des Bundes zur Herstellung und Sicherung der Rechts- und Wirtschaftseinheit[39].

1. Zuständigkeit der Einzelstaaten

Für das Gesellschaftsrecht enthält die Verfassung keine besondere Kompetenzzuweisung an den Bund. Die rechtliche Zersplitterung des Gesellschaftsrechts wird verfassungsrechtlich sogar geschützt: Der Grundsatz des „full faith and credit“[40] verpflichtet jeden Einzelstaat, die in anderen Bundesstaaten gegründete Gesellschaften anzuerkennen[41]. Die Registrierung einer Kapitalgesellschaft in einem beliebigen Bundesstaat eröffnet auf diese Weise den freien Zugang zu dem gesamten Markt der Vereinigten Staaten.

---

[36] Käfer, Kapitalflußrechnung, S. 9 m.w.N.

[37] Anton, aaO, S. 80f, der sich zur Bestätigung seines Untersuchungsergebnisses auch auf die von dem AICPA in „Accounting Trends and Techniques“ für 1960 veröffentlichten Zahlen bezieht. Siehe auch die Erhebung durch „Walker's Manual of Pacific Coast Securities“ im Jahre 1958, die für 143 kleine Unternehmen mit 60% einen deutlich höheren Verbreitungsgrad feststellte, zitiert bei Corbin, Accounting Review 1961, S. 400.

[38] Gibson / Klammer / Reed, The Cash Flow Statement, CPA-Journal November 1986, S. 18f.

[39] Der Bundesgesetzgeber in den USA versucht diesen Mangel auszugleichen, indem er mit dem „United States Uniform Code“ ein Mustergesetz veröffentlicht und zur möglichst unveränderten Übernahme durch die Bundesstaaten empfiehlt.

[40] US Constitution Art. IV, S. 1.

[41] Ausführlich Ebke, aaO, S. 92, Anm. 6.

Um die mit Gebühren- und Steuereinnahmen verbundene Gründung von Kapitalgesellschaften entwickelte sich aus diesem Grunde von Anfang an ein Wettbewerb zwischen den Bundesstaaten. Ihre „corporation laws“ überboten sich gegenseitig in dem Bemühen, möglichst viele Kapitalgesellschaften durch eine freizügige Gestaltung des Gesellschaftsrechts anzulocken[42]. Die laschen Regelungen (“rule of laxity“) beschränken sich bis heute vielfach auf die Beschreibung des formellen Gründungsvorganges und bestimmten weder Rechnungslegungs- oder Publizitätspflichten noch das Erfordernis einer periodischen externen Prüfung[43].

Der Mangel einer gesetzlichen Regelung der Rechnungslegung begünstigte betrügerische Praktiken zum Nachteil leichtgläubiger und schlecht informierter Anleger. Die späten Versuche der meisten US-Bundesstaaten zwischen 1911 und 1933, den mißbräuchlichen Praktiken durch Gesetze zum Schutz der Investoren beim Erwerb von Wertpapieren entgegenzuwirken, blieben halbherzig. Die einzelstaatlichen „Blue Sky Laws“[44] beschränkten sich überwiegend auf die Registrierung neu emittierter Anteilscheine sowie der Börsenmakler (broker) und Händler[45]. Die wenigen bilanzrechtlichen Bestimmungen waren unspezifiziert und nahezu wertlos[46]. Sie enthalten bis heute keine Regelung der Kapitalflußrechnung.

2. Zuständigkeit des Bundes

Die verfassungsrechtliche Zuweisung der Gesetzgebungskompetenzen verwehrte dem Bundesgesetzgeber eine gesellschaftsrechtliche oder rechtsformbestimmte Regelung. Das Interesse an bundeseinheitlich geltenden wirkungskräftigen Rechnungslegungspflichten mußte sich daher einen anderen Weg bahnen.

a) Der Wertpapiermarkt erlangte bereits zum Ende des 20. Jahrhunderts eine besondere öffentliche Bedeutung. Die New Yorker Börse, die in den USA bis heute die führende Stellung im Wertpapierhandel einnimmt[47],

---

[42] Trumpler, Die Aktiengesellschaft nach dem Gesellschafts-, Bilanz- und Steuerrecht der Vereinigten Staaten von Amerika, S. 14.

[43] Ebke, aaO, S. 94.

[44] Diesen Namen erhielten die Gesetze von dem Übel, das sie ausrotten wollten: Dem Verkauf von Anteilen an Phantasiegebilden, die nicht mehr Basis hatten, als ein Stück des blauen Himmels, Supreme Court vom 22.01.1917, United States Reports Bd. 242, S. 550. Ein „aktuelles“ Beispiel aus den 50er-Jahren gibt Loss, ZHR 129, S. 198: Eine angebliche Herstellerfirma „fliegender Untertassen“ kündigte öffentlich an, ein von ihm entworfenes Raumschiff werde am 07. Dezember 1959 einen Flug zum Mond unternehmen und 8 Tage später zur Erde zurückkehren.

[45] Ebke, aaO, S. 102; zu den Beschränkungen der Wirkungen der Blue Sky Laws: Trumpler, aaO, S. 69f.

[46] Ebke, aaO, S. 93.

erkannte diese Verantwortung früh. Sie ließ bereits zu Beginn des 20. Jahrhunderts nur noch Aktien solcher Gesellschaften zum Handel zu, die sich verpflichteten, entsprechend ihren hausinternen Börsenrichtlinien Jahresabschlüsse zu veröffentlichten[48].

Bis ca. 1920 war der Besitz von Unternehmen und Aktien auf relativ wenige, meist sehr wohlhabende Personen beschränkt. Erst die Initiative der Bundesregierung während des 1. Weltkrieges zum Verkauf von Kriegsanleihen mit kleinen Nennbeträgen leitete eine breitere Steuerung des Aktienkapitals ein[49]. Als die Anleihen nach Kriegsende zurückgezahlt wurden, bemühten sich die Gesellschaften um dieses Kapital und verringerten die Nennbeträge ihrer Aktien von 10.000 Dollar und mehr auf bis zu 100 Dollar. In den 13 Jahren von 1919 bis 1931 wurden neue Aktien und Obligationen im Wert von $ 50.000.000.000 ausgegeben[50]. Die Einbeziehung des neuen Anlegerpublikums löste eine Spekulationswelle aus, die 1929 ihren Höhepunkt erreichte und am Schwarzen Freitag des Oktobers 1929 in einem katastrophalen Zusammenbruch der Aktienkurse endete. Da 1929 nur ein geringer Teil der Arbeitnehmer von Rentenversicherungen profitierte[51], verloren viele Anleger mit dem Aktienkapital auch ihre Alterssicherung.

b) Die durch den Börsenzusammenbruch ausgelöste schwere (Welt-)Wirtschaftskrise zwang den Gesetzgeber zum Handeln.

Als Anknüpfungspunkt der Bundeszuständigkeit wurde die „interstate commerce clause“ des Art. 1 Section 8 Clause 3 der Verfassung herangezogen. Nach dieser Bestimmung ist der Kongreß für die Regelung jedes Handels zuständig, der die Grenzen eines Bundesstaates überschreitet. Nach der herrschenden weiten Auslegung der „interstate commerce clause“ ist die Bundeszuständigkeit für den Handel mit Wertpapieren bereits dann gegeben, wenn zum Abschluß oder zur Durchführung des Geschäftes einzelstaatsübergreifende Kommunikationsmittel wie Telefon, Telegramm oder Briefbeförderung in Anspruch genommen werden[52]. Der Handel mit Wertpapieren kann auf die

---

47 Vgl. zB. SEC, Report of Special Study of Securities Markets, Part 1, S. 11; Foulke, aaO, S. 25f.

48 Kelley, Financial Executive, July 1976, S. 15f; Foulke, aaO, S. 26.

49 Kelley, aaO, S. 17.

50 Studie des United State Departement of Commerce, zitiert bei Lamden, aaO, S. 76.

51 1930 bestanden nur für ca. 2,7 Millionen Arbeitnehmer (ca. 15% der privaten Arbeitnehmer außerhalb der Landwirtschaft) „private pension plans“, ca. 100.000 Rentner erhielten Pensionen, American Council of Life Insurance, 1980 Pension Facts, S. 32, mit einer tabellarischen Darstellung der geschichtlichen Entwicklung der Alterssicherung durch öffentliche und private Institutionen, S. 35 - 37.

52 Exemplarisch: Circuit Court of Appeals v. 5.1.1939, Federal Reporter 2.d Series Bd. 110, S. 888ff; weitere Nachweise bei USCA § 77a, Anm. 1 und 15 USCS § 77a, Anm. 1; Palmieri-Egger, Zeitschrift für Rechtsvergleichung 1980, S. 106.

modernen Kommunikationsmittel der Post nicht verzichten, er wird durch sie vielmehr erst ermöglicht. Die Kompetenz des Bundesgesetzgebers zur Begründung von Rechnungslegungspflichten ist daher zwar auf den zwischenstaatlichen Wertpapierhandel beschränkt, praktisch umfaßt sie jedoch den gesamten Wertpapierhandel.

In dem Spannungsverhältnis zwischen der Verweigerung gesellschaftsrechtlicher Offenlegungsvorschriften und den unverzichtbaren Schutzinteressen der Anleger hat sich in den USA ein unikales zweigliedriges Rechnungslegungsrecht entwickelt. Es beruht zum einen auf bundesrechtlichen Regelungen des Wertpapierhandels (unten III.), zum anderen auf (verbindlichen) Standesregeln der autoritativen Organe des Verbandes der Certified Public Accountants (unten IV.).

III. Bundesrechtliche Regelungen des Wertpapierhandels

1. Bundeswertpapiergesetze

Der Bundesgesetzgebers traf eine Grundsatzentscheidung, die seither als Leitprinzip und Auslegungsmaßstab das gesamte Wertpapierrecht in den USA beherrscht: Bei einer Abwägung zwischen den widerstreitenden Interessen der verfassungsrechtlich geschützten Freiheit jedes Bürgers und dem Schutz der Anleger vor betrügerischen Praktiken des Emittenten entschied sich der Kongress für das Prinzip der vollständigen Offenlegung. Das Ziel einer „full and fair diclosure“ beschreibt die staatliche Aufgabe, eine umfassende und zuverlässige Information der Anleger sicherzustellen; der Schutz seiner Interessen bleibt dem Anleger hingegen selbst überlassen. Der damalige Präsident der Vereinigten Staaten Franklin D. Roosevelt empfahl dem Kongress am 29.03.1933 die neue Doktrin „let the seller also beware“ mit den Worten[53]:

> “There is, however an obligation upon us to insist that every issue of new securities to be sold in interstate commerce shall be accompanied by full publicity and information, and that no essential important element attending the issue shall be concealed from the buying public.”

Das Vertrauen in die anlegerschützende Wirkung[54] einer „full and fair disclosure“ hat Justice Louis D. Brandeis in die berühmten[55] Worte gefaßt: „Sunlight is said to be the best desinfecant; electric light the most efficient policeman“[56].

---

[53] Zitiert bei Bogen, Shipman (Hrsg.), Financial Handbook, 4. Aufl. 1964, S. 9 bis 26; SEC, Report of the Special Study of Securities Markets, Chap. IX, S. 8.

[54] Lamden, aaO, S. 183.

[55] Schwark, Anlegerschutz durch Wirtschaftsrecht, S. 211.

[56] Brandeis, Other Peoples' Money (1914, Kap. 5, insbes. S. 1), hier zitiert nach Loss, aaO, S. 208 und Ebke, aaO, S. 104.

a) Erstmals nutzte der Kongreß 1933 die Gesetzgebungskompetenz zur Regelung des „interstate commerce" in der Securities Act (SA 1933). Die Securities Act begründet das Erfordernis der Zulassung von Wertpapieren zum zwischenstaatlichen Handel. Sie gilt grundsätzlich sowohl für den Handel an der Börse als auch im Freiverkehr „over the counter" und bestimmt die Offenlegung aller maßgeblichen Verhältnisse des Unternehmens in einem „registration statement", das auch einen Emissionsprospekt (prospectus) umfaßt. Der Prospekt ist den Erwerbern der Aktien/Wertpapiere zu übersenden, sobald das Papier ausgeliefert, der Kaufpreis bezahlt oder der Kauf bestätigt wird[57].

b) Bereits 1934 hat der Kongress Registrierungsverfahren auf den Handel mit zugelassenen Wertpapieren ausgedehnt. Die Securities Exchange Act (SEA 1934) gibt den Rahmen der laufenden Registrierungspflichten der Emittenten gehandelter Wertpapiere vor. Die SEA 1934 regelt darüberhinaus die Registrierung der Wertpapierbörsen und eine gewisse Überwachung der Beachtung der Börsenregeln[58] zur Verhinderung von Kursmanipulationen[59].

c) Die für alle Wertpapiere geltenden Vorschriften der Securities Act 1933 und der Securities Exchange Act 1934 stehen an der Spitze folgender späterer Bundeswertpapiergesetze, die jeweils für bestimmte Kapitalgesellschaften ergänzende Regelungen enthalten[60]:

- Public Utility Holding Company Act von 1935
- Trust Indenture Act von 1939
- Investment Adviser Act von 1940
- Securities Investor Protection Act von 1970

Keines der Bundeswertpapiergesetze regelt die Kapitalflußrechnung unmittelbar oder ausdrücklich.

2. Regelungen der Securities and Exchange Commission

Als Registrierungsstelle und staatliche Aufsichtsbehörde für den gesamten Wertpapierhandel schuf die SEA 1934 die Securities and Exchange Commission (SEC), die mit umfassenden Zuständigkeiten und Befugnissen ausgestattet wurde[61]. Der SEC ist es übertragen, die in den Bundeswertpapiergesetzen vorgeschriebenen Registrierungsunterlagen zu überprüfen. Zum Schutz des öffentlichen Interesses und der Anleger[62] sind ihr weitreichende Verordnungs-

[57] §§ 2 (10), 5 und 10 SA 1933 2 (10); Loss, aaO, S. 211.

[58] Loss, aaO, S. 213.

[59] Trumpler, Die Börsengesetzgebung der Vereinigten Staaten, S. 8.

[60] Hierzu Loss, aaO, S. 215f.

[61] § 3 (a) SEA 1934 = 15 USC § 78 d (a).

[62] SEC, Report of Special Study of Securities Markets, Part 1, S. 11: Over and over again Congress proclaimed that the regulatory authority confered on the Commission was to be exercised „in the public interest" and „for the protection of investors."

kompentenzen eingeräumt. Die SEC legt Form und Inhalt der von den Emittenten einzureichenden Unterlagen fest, sie bildet und konkretisiert die Grundsätze ordnungsgemäßer Buchführung und Rechnungslegung[63]. Entsprechen die Registrierungsunterlagen nicht den Bundeswertpapiergesetzen und den Ausführungsregeln, kann die Kommission die Emission der Wertpapiere und den Handel mit ihnen untersagen.

In ihren (Ausführungs-) Regelungen hat sich die SEC auch mit der Kapitalflußrechnung befaßt:

a) Die Regulation S-X regelt mit einer Sammlung von Vordrucken die Form der einzureichenden Unterlagen, daneben enthält sie umfangreiche Vorschriften zu ihrem Inhalt[64]. Entsprechend dem übergeordneten Ziel des Anlegerschutzes durch eine „true and fair disclosure“ umfassen die geforderten Unterlagen neben Bilanz und GuV umfangreiche ergänzende Angaben.

Bereits seit 1969 bestimmte die Regulation S-X, daß die Registrierungsunterlagen ein konsoldiertes „Statement of changes in financial position“ der letzten drei Geschäftsjahre enthalten müssen[65]. Als Form für dieses Statement, das wahlweise auch als „Statement of Sources and Application of Funds“ bezeichnet werden konnte, war folgende Minimalgliederung vorgeschrieben:

1. Quelle der Fondsmittel
   a) Gewinn aus laufender Geschäftstätigkeit
   b) Verkauf von Anlagegütern
   c) Aufnahme langfristiger Darlehen
   d) Ausgabe von Aktien
2. Verwendung der Fondsmittel
   a) Ankauf von Anlagegütern
   b) Rückzahlung langfristiger Darlehen
   c) (Rück-) Kauf eigener Aktien
   d) Dividenden
3. Veränderung der Fondsmittel/working capital

Zum 30. September 1982 hat die SEC diese Regelung aufgehoben[66]. Sie hat es seither den autoritativen Gremien des Berufsstandes der CPA überlassen, Inhalt und Gestaltung des Statements zu regeln[67].

---

63 § 12 (b) und (c) SEA 1934 = 15 USC § 78 l (b) und (c); aus den vielen Zusammenfassungen in der Literatur siehe exemplarisch: Rappaport, SEC Accounting Practice and Procedure, 3. Aufl. 1972, Chapter 2, S. 1 f.

64 Die Regulation S-X sind u. a. abgedruckt in 17 CFR Chap. II Part 210.

65 Regulation S-X, Rule 11 A-02, abgedruckt auch bei Rappaport, aaO, Chap. 18, S. 38.

66 Release No. FR-L, abgedruckt in CCH Federal Securities Regulation S. 72, 402.

67 Siehe unten IV.

Als Inhalt von Zwischenberichten fordert die Regulation S-X neben der GuV (statement of income) ebenfalls ein (ungeprüftes) „Statement of changes in financial position“[68]. Die Pflicht zur Einreichung von Unterlagen zwischen den jährlichen Berichten trifft allerdings nur Unternehmen, für die dies in einem der besonderen Bundeswertpapiergesetze ausdrücklich angeordnet ist.

b) Ihre Ansichten zu aktuellen Buchführungs- und Rechnungslegungsproblemen publiziert die SEC seit 1937 in den verbindlichen „Accounting Series Release“. Die Accounting Series Release No. 142 „Reporting Cash-Flow“ vom 15. März 1973 widmete die SEC der Darstellung des Geldflusses im Rahmen des Jahresabschlusses[69].

Die Accounting Series Release No. 142 besprach die zunehmende freiwillige Verwendung des Cash-Flow in den eingereichten Registrierungsunterlagen mit kritischer Distanz. Die SEC rügte die verwirrende Vielfalt der in der Praxis anzutreffenden Rechnungskonzepte und beklagte den Mangel der Vergleichbarkeit der Rechnungen zwischen verschiedenen Unternehmen. Insbesondere aus Furcht, der Anleger könnte durch einen Cash Flow, der ein positiveres Bild der Unternehmung zeichnet als die GuV irregeführt werden[70], schränkte die SEC den Anwendungsbereich des Cash-Flow ein[71]. Die SEC merkte allerdings auch an, daß der Gewinn als Maßgröße des Unternehmenserfolges in Teilbereichen angezweifelt werden könne und insbesondere bei solchen Unternehmestypen wenig aussagekräftig sei, deren wesentliche Wirtschaftsgüter nicht abnutzen und daher auch nicht abgeschrieben werden können (insbes. Immobilienunternehmen).

Die SEC rief den Berufsstand auf, die Rechnungslegungsgrundsätze fortzuentwickeln. Für eine Übergangszeit ließ sie den Cash-Flow als Ergänzung der Rechnungslegung dieser Unternehmen grundsätzlich zu. Sie verlangte jedoch, der Gefahr von Verwechselungen mit der herkömmlichen Ertragsermittlung durch sorgfältige Erläuterungen und die Wahl klarer Begriffes vorzubeugen. Eine Angabe der Kennziffer Cash-Flow pro Aktie („per share“-Basis) lehnte die SEC hingegen grundsätzlich ab, da sie befürchtete, der Investor könne verwirrt werden und den Cash Flow mit der eingeführten Kennziffer „Gewinn pro Aktie“ (net earnings per share) verwechseln[72].

---

68 Regulation S-X, Rule 3-02 (b).

69 Abgedruckt u. a. in CCH Securities Regulation S. 62, 688ff No. 202.

70 Kripke, Homer, The SEC and Corporate Disclosure, S. 220.

71 SEC, Accounting Series Release No. 142, No. 202.02 und 203.03.

72 SEC, aaO, No. 202.04.

3. Geltungsbereich der Bundeswertpapiergesetze

Die Regulation S-X und die Accounting Series Release No. 142 gelten grundsätzlich für alle Registrierungsverfahren bei der SEC[73]. Zwar kommt der Accounting Series Release No. 142[74] heute nur noch eine geringe Bedeutung zu, da der Berufsstand der CPA die Vorgaben der SEC inzwischen durch seine autoritativen Organe ausgefüllt hat[75], in ihrem Aufsichtsbereich überwacht die SEC jedoch auch die Beachtung dieser Bestimmungen des Standesrechts. Reichweite und einige Ausnahmen des wertpapierrechtlichen Registrierungserfordernisses werden daher im folgenden skizziert.

a) Grundsatz

Die Pflicht zur Registrierung der Emission und der fortlaufenden Jahresabschlüsse erfaßt grundsätzlich jede „security"[76]. Mit dem Begriff „security" werden jedoch nicht nur Aktien angesprochen, sondern auch Anteile an Personengesellschaften sowie Fremdfinanzierungsinstrumente wie Obligationen (bonds), gewisse Optionsverträge und andere „investment contracts"[77].

b) Ausnahmen

Dieser außerordentlich weitgesteckte Regelungsbereich wird allerdings durch großzügige Ausschlüsse bestimmter Wertpapiere und zahlreiche Ausnahmen erheblich eingeschränkt. Diese Ausnahmen betreffen Fälle, in denen dem Bundesgesetzgeber bzw. der SEC ein Schutz der Anleger verzichtbar erscheint.

(1) Eine große Zahl von Anteilscheinen ist durch gesetzliche Ausnahmebestimmungen von den Registrierungspflichten befreit. Die wichtigste Kategorie der registrierungsfreien Effekten sind alle Bundes- und Staatswertpapiere[78]. Daneben sind u. a. Wertpapiere von der Registrierung ausgenommen, die von religiösen oder anderen gemeinnützigen Einrichtungen, Banken, Lebensversi-

[73] Siehe §§ 7, 10 SA 1933 = 15 USC § 77 g und j sowie die jährliche Registrierung gehandelter Wertpapiere gem. § 12 SEA 1934 = 15 USC § 78 l; für die Regulation S-X ausdrücklich Code of Federal Regulations (CFR) § 210 1 - 01. (a) (1) und (2).

[74] Die Release wurde bislang nicht zurückgezogen, Barbara S. Thomas, JoAcc November 1982, S. 100.

[75] Siehe unten III. 3.

[76] Vgl. § 2 (1) SA 1933 = 15 USC § 77 b (1) und § 3 (a) (10) SEA 1934 = 15 USC § 78 c (a) (10).

[77] Gumpel / Ramin / Schiessl, DB 1988, S. 1432.

[78] „Obligations issued or guaranted by the US Government or by State or local Governments", § 3 (a) (2) SA 1933 = § 77 c (a) (2) USC und § 3 (a) (12) SEA 1934 = § 78 c (a) (12) USC.

cherungen und Genossenschaften ausgegeben werden[79]. Aus der Beschränkung der „interstate commerce clause“ folgt, daß ohne Registrierung alle Effekten gehandelt werden dürfen, die der Emittent ausschließlich in dem Bundesstaat anbietet und verkauft, in dem seine Gesellschaft gegründet wurde und er überwiegend seine Geschäfte tätigt[80].

(2) Für die Emission nicht befreiter Wertpapiere enthält die SA 1933 weitere Ausnahmen , die z.T. in Verbindung mit Ausführungsbestimmungen der SEC wirksam werden:

(a) Den Registrierungs- und Prospektzwang nach den Vorschriften der SA 1933 begründet nur der Wertpapierhandel durch den Emittenten, einen Zeichner (underwriter) sowie einen Händler[81]. Die private (Weiter-) Veräußerung emittierter Wertpapiere löst damit praktisch keinen Registrierungszwang aus[82].

(b) Der SEC ist die Befugnis eingeräumt, für kleinere Emissionen („small offerings“) Ausnahmen von der Registrierungspflicht festzulegen[83]. Nach der letzten Anpassung der in der Regulation S-X festgelegten Wertgrenze im Jahre 1978[84] sind alle Emissionen registrierungsfrei, die im laufenden und vorangegangen Jahr zusammengenommen 1,5 Millionen Dollar nicht überschreiten[85].

(c) Eine weitere Ausnahme ist für das „Private Placement“ vorgesehen: Die Registrierungspflicht soll für ein für Verkaufsangebote nicht gelten, die die Öffentlichkeit nicht berühren („... shall not apply to an issue not involving any public offering“)[86].

Die Reichweite dieser Ausnahme war häufig Gegenstand von Auseinandersetzungen und Rechtsstreitigkeiten zwischen Emittenten und der SEC. Zur besseren Orientierung der Emittenten und Vereinheitlichung der Verwaltungspraxis hat die SEC in ihrer SA Rule 146 vom 23. April 1974[87] die Auslegungskriterien zusammengefaßt. Nach dieser Richtlinie ist ein Angebot nicht als öffentlich anzusehen, wenn die folgenden Bedingungen kumulativ erfüllt sind[88]:

---

[79] Vgl. § 3 SA 1933 = 15 USC § 77 c; weitgehend parallele Ausschlüsse enthält § 11 SEA 1934 = 15 USC § 78 l.

[80] § 3 (a) (11) SA 1933 = 15 USC § 77 c (a) (11) und § 12 (g) SEA 1934 = 15 USC § 78 l (g); vgl. auch Palmieri-Egger, aaO, S. 116.

[81] § 4 (1) SA 1933 = 15 USC § 77 d (1) und § 4 (3) SA 1934 = 15 USC § 77 d (3).

[82] Palmieri-Egger, aaO, S. 105ff, 114.

[83] § 3 (b) SA 1933 = 15 USC § 77 c (b).

[84] USCA 15 § 77 c, S. 76 „1978 Amendments“.

[85] CFR § 230, 254 (a) (1).

[86] § 4 (2) SA 1933 = 15 USC § 77 d (2).

[87] Release No. 33 - 5487, CCH Federal Securities Law Reporter, S. 2710ff.

[88] Vgl. zum folgenden Palmieri-Egger, aaO, S. 114; siehe auch Samson-Himmelstjerna, Die US Corporation und ihre Besteuerung, S. 75ff.

1. Die Wertpapiere werden von nicht mehr als 35 Personen erworben und keiner der Käufer erwirbt für mehr als 150.000 Dollar.
2. Der Emittent macht keine allgemeine Werbung und richtet keine mündlichen oder schriftlichen Aufforderungen an Personen, die nicht zu dem Kreis der angesprochenen Kunden gehören.
3. Die Wertpapiere werden nur solchen Personen angeboten und verkauft, die nach bestem Wissen des Emittenten genügend Erfahrung verfügen, um die mit dem Kauf verbundenen Investitionsrisiken zu überblicken oder die hierzu erforderliche Beratung in Anspruch genommen haben.
4. Jeder der Adressaten des Kaufangebotes verfügt über die Informationen, die üblicherweise in einer Registrierungserklärung enthalten sind oder hat zu ihnen Zugang.
5. Der Emittent Verkehrungen trifft, damit die Wertpapiere nicht oder nur unter Beachtung der hierfür vorgeschriebenen Bedingungen weiterverkauft werden.

Als Verwaltungsregelung ist diese Richtlinie allerdings nicht rechtsverbindlich. Das Tatbestandsmerkmal „not involving any public offering" ist ein unbestimmter Rechtsbegriff, dessen Auslegung allein den Gerichten übertragen ist.

Die Rechtssprechung legte diese Ausnahmevorschrift stets sehr eng aus. Sie hat die umfassende Information des Investors als das erklärte Ziel der bundesrechtlichen Wertpapiergesetzgebung[89] zum Auslegungsmaßstab erhoben. Entsprechend hält sie das Registrierungserfordernis nur dann für verzichtbar, wenn die durch das Verkaufsangebot angesprochene Personengruppe des Schutzes durch die Securities Act nicht bedarf, ihr also die in ein „registration statement" aufzunehmenden Informationen bereits aus anderen Quellen zur Verfügung stehen[90]. Die Ausnahme erfaßt damit nur den sogenannten „sophisticated investor"[91], der zu dem Emittenten in einer so engen Verbindung steht, daß ihm der unmittelbare Zugriff auf Informationen möglich ist, die dem Inhalt der Registierungsunterlagen vergleichbar sind. Die Rechtsprechung verlangt außerdem, daß der Kreis der Adressaten beschränkt und dem Emittenten bekannt sein müsse[92]. Eine geringe Anzahl der Adressaten ist zwar nicht unbedingt Anwendungsvoraussetzung, aber doch gewichtiger Anhaltspunkt[93].

---

[89] SEC, Report of the Special Study of Securities Markets, 1963, zitiert bei Bogen, Shipman (Hrsg.), aaO, S. 9, 28.

[90] So bereits der US Supreme Court 1953 in der berühmten Entscheidung SEC v. Ralston Purina & Co., US Supreme Court Reports, 97 Law. Ed., S. 1494ff, 1498, 1499; zahlreiche weitere Nachweise in 15 USCA § 77 d, Anm. 14 u. 15 sowie 15 USCS § 77 d, Anm. 6.

[91] Gumpel / Ramin / Schiessl, aaO, S. 1432.

[92] Exemplarisch: US Supreme Court, aaO, S. 1498; US Court of Appeals, Federal Reporter, Second Series, Bd. 448, S. 680, 689; weitere Nachweise 15 USCS § 77 d Anm. 8 u. 10, sowie 15 USCA § 77 d, Anm. 16 u. 18.

[93] Ergänzend hierzu: US Court of Appeals, aaO, S. 687ff.

Die praktische Bedeutung des „private offer“ ist eher gering, zumal normalerweise nicht einmal Angebote an eigene Mitarbeiter oder (Alt-)Aktionäre[94] die engen Ausnahmevoraussetzungen erfüllen.

(3) Die Verpflichtung zur jährlichen Einreichung eines „registration statements“ bei der SEC gilt uneingeschränkt nur für alle an einer nationalen amerikanischen Börse notierten „securities“[95] sowie die Gesellschaften, deren Werte im „National Association of Securities Dealers Automatic Quotation“-System „over the counter“ gehandelt werden[96].

Durch die Novelle der SEA 1934 im Jahre 1964 wurde die Registrierungspflicht zwar auf alle Emittenten ausgedehnt, die sich zum Verkauf ihrer Anteile der Mittel des „interstate commerce“ bedienen oder auch nur eine (erhebliche) geschäftliche Tätigkeit außerhalb des Sitzstaates entfalten[97]. Zusammen mit dieser Erweiterung wurde jedoch auch eine weitreichende Ausnahme eingeführt: Danach bleiben alle Emittenten mit weniger als 500 Anteilseignern oder einem Aktivvermögen von weniger als 5 Millionen Dollar von der Registrierung befreit[98].

Zusammengenommen geben die Ausnahmevorschriften Zeugnis, daß der Bundesgesetzgeber und die SEC die strengen Registrierungs- und Publizitätsvorschriften nur dann anwenden wollen, wenn die Öffentlichkeit des Anlagemarktes berührt ist. Außerhalb der Börsen knüpfen sich die strengen wertpapierrechtlichen Schutzvorschriften an die Öffentlichkeit des Handels mit den Wertpapieren.

4. Einbeziehung der „Accounting Principles“,

Von großer praktischer Bedeutung ist die Accouting Series Release No. 4 aus dem Jahre 1938[99]. Ihrem Erlaß war ein halboffizieller Briefwechsel der SEC mit dem Präsidenten des „American Institute of Certified Public Accountants“ (AICPA) vorausgegangen, in dem der Berufsstand der CPA's seinen Wunsch einer aktiven Rolle bei der Entwicklung der Grundsätze ordnungsmäßiger Buchführung ausgedrückt hatte[100]. Die Accounting Series Release No. 4 ist das Ergebnis des sogen. „great treaty“, mit dem die SEC die Weiterentwicklung der Rechnungslegungsgrundsätze auf den Berufsstand übertrug[101].

---

94 US Supreme Court, aaO, S. 1494ff.

95 § 12 (a) und (b) SEA 1934 = 15 USC § 78 l (a) und (b), § 13 SEA 1934 = 15 USC § 78 m.

96 Siehe auch Gumpel / Ramin / Schiessl, aaO, S. 1433.

97 § 12 (g) (1) SEA 1934 = 15 USC § 78 l (g) (1).

98 § 12 (g) SEA 1934 = 15 USC § 78 l (g); 17 CFR S. 240, 12 g - 1.

99 Accounting Series Release No. 4 vom 25. April 1938; vgl. auch Regulation S-X Rule 4 - 01 (a) (1).

100 Loss, Fundamentals of Securities Regulation, S. 161.

Die Accounting Series Release No. 4 bezieht alle Grundsätze ordnungsmäßiger Buchführung („accounting principles, for which there is substantial authorative support") in das Regelungswerk der SEC ein. Nach der Auslegung durch die SEC kommt „substantial authorative support" automatisch allen Regelungen zu, die von den zuständigen Gremien des AICPA für ihre Mitglieder verbindlich festgelegt werden.

Diese Entscheidung und ihre praktische Ausführung wurden verschiedentlich kritisiert, da sie einer in den Bundeswertpapiergesetzen niedergelegten Intention des Gesetzgebers entgegenwirke, die Rechnungslegungsgrundsätze durch die SEC selbst zu formulieren[102]. Durch diesen Kunstgriff hat sich die SEC jedoch die Möglichkeit eröffnet, von ihren gesetzlichen Befugnissen nur noch zurückhaltend Gebrauch zu machen. Zugleich begründete die SEC eine Obliegenheit des Berufsstandes, sich Respekt und Ansehen als Quelle des „authorative support" zu erarbeiten[103].

Seither hat die SEC nur noch zurückhaltend in die Entwicklung der Generally Accepeted Accounting Principles eingegriffen[104]. Sie hat statt dessen die Rolle eines kritischen Beobachters eingenommen[105]. Die Commissioners der SEC lassen hierbei keine Gelegenheit aus, gegenüber dem Berufsstand mit deutlichen Worten ihre wache Bereitschaft zu bekunden, die Führungsrolle jederzeit wieder aktiv an sich zu ziehen[106].

Die nachfolgend erörterten Regeln der Standesorganisation sind daher aufgrund der Generalverweisung ASR No. 4 bei der Abfassung der Registrierungs-Unterlagen als ebenso verbindlich zu beachten, wie die von der SEC selbst erlassenen Regelungen.

---

[101] Zur Vorgeschichte der ARS No. 4 vgl. auch Newman in the Academy of Accounting Historian Working Paper Series, Volume 1, in Coffmann (Hrsg.), S. 132; Rappaport, SEC accounting Practice and Procedure, Chapter 2 S. 7ff, vgl. auch Cooper / Robinson, Who should formulate Accounting Principles?, JoAcc Mai 1987, S. 140.

[102] Die Entscheidung rechtfertigt hingegen Biegler, Who shall set accounting standards?, Financial Executive, September 1977, S. 36.

[103] Flamholtz, aaO, S. 132.

[104] Ebke, aaO, S. 132; siehe auch Kelley, aaO, S. 18.

[105] Siehe z.B. den Beitrag des Mitgliedes der SEC Barbara Thomas, SEC Oversight Role in Selfregulation, CPA Journal Mai 1983, S. 10.

[106] Markante Beispiele gaben der SEC-Commissioner Sommer in seiner Rede am 21. Januar 1974, zitiert bei Wiesen (Hrsg.), Regulating Transactions in Securities, S. 273ff, insbes. S. 275 sowie der SEC Chairmann Williams in seiner Rede im Januar 1978 vor der „AICPA's Fifth National Conference on Current SEC Developements", zitiert bei Thomas, aaO, S. 10; siehe auch Moran / Previts, The SEC and the Profession 1934 - 84, The Realities of Self-Regulation, JoAcc Juli 1984, S. 68ff.

IV. Grundsätze des American Institut of Certified Public Accountants

Der Berufsstand der Certified Public Accountants fühlte sich aufgrund seiner Problemnähe und praktischen Kompetenz stets als der eigentliche Hüter der Grundsätze ordnungsmäßiger Rechnungslegung und vor der Aufsichtsbehörde SEC zu ihrer Fortentwicklung berufen. Seitdem das American Institut of Certified Public Accountants diese Vorstellung 1938 in dem „great treaty" weitgehend durchsetzen konnte und die SEC die Sonderstellung des Berufsstandes mit der ASR No. 4 vorsichtig anerkannte, war die Standesorganisation stets bemüht, staatlichen Eingriffen der SEC durch eigene Regelungen zuvorzukommen[107]. Um eine zeitnahe und zuverlässige Fortentwicklung der Grundsätze ordnungsgemäßer Buchführung und Rechnungslegung sicherzustellen, setzte das AICPA ständige Kommissionen ein, die mehrfach umorganisiert wurden[108]:

– Auf die Herausforderung der Accounting Series Release No. 4 antwortete der AICPA noch im Jahre 1938 mit der Einrichtung des „Committe on Accounting Procedure"[109].

– Zum 1. September 1959 schuf der AICPA als Nachfolgeinstitution den „Accounting Principles Board" (APB)[110] der bis 1972 insbesondere 31 „Opinions" beschloß.

– Seit 1972 hat der Berufsstand die Fortentwicklung der Rechnungslegungsgrundsätze auf die zu diesem Zweck gegründete selbständige Stiftung „Financial Accounting Foundation" übertragen[111], die diese Aufgabe durch den „Financial Accounting Standards Board" (FASB) wahrnimmt[112]. Bis zum 31. 12. 1987 hatte der FASB immerhin 95 verbindliche „Statements of Financial Accounting Standards" verabschiedet.

Die Rechnungslegungsinstitutionen des AICPA haben die Entwicklung der Kapitalflußrechnung maßgeblich gefördert. Ihre unverbindlichen Empfehlungen und verbindlichen Regelungen haben maßgeblich dazu beigetragen, das „Funds Statement" in den Jahresabschluß zu integrieren und in den USA zu seinem festen Bestandteil zu machen.

---

[107] Zu den Vorzügen der Entwicklung der Buchführungsgrundsätze durch den Berufsstand äußert sich Biegler, Financial Executive September 1977, S. 35f und Mautz, JoAcc April 1984, S. 56ff.

[108] Powell, WPg 1964, S. 88f.

[109] Flamholtz, aaO, S. 132.

[110] Einzelheiten bei Ebke, aaO, S. 122f.

[111] Zu den Verbesserungen gegenüber dem Accounting Principles Board: Meyer, The APB's Independence an its Implications for the FASB, Journal of Accounting Research 1974, S. 188ff; siehe auch Loss, aaO, S. 161.

[112] Ebke, aaO, S. 124ff; Schoenfeld, Zeitschrift für Betriebswirtschaft 1981, S. 291; ausführlich Lück / Hölzer, WPg 1976, S. 293ff.

1. APB Opinion No. 3: Statement of Source and Application of Funds

Den ersten Schritt vollzog im Oktober 1963 der Accounting Principles Board. In der Opinion No. 3 „The Statement of Source and Application of Funds“[113] sprach er offiziell die Empfehlung aus, die Jahresabschlüsse geschäftlicher Unternehmen (business enterprises) durch eine Kapitalflußrechnung nach dem Fondsmodell zu ergänzen[114]. Der APB griff damit die weite Verbreitung des „funds statements“ in der Praxis auf[115], die bereits im Jahre 1961 Gegenstand einer Untersuchung durch die Forschungsgruppe („research division“) des AICPA gewesen war[116].

Als unverbindliche Empfehlung hatte die APB Opinion No. 3 den Charakter einer Diskussionsgrundlage. Entsprechend offen und unbestimmt waren ihre Aussagen formuliert. Sie empfahl die Wahl eines alle Finanzmittel (all financial resources) umfassenden Fonds[117], und meinte damit wohl den zu dieser Zeit üblichen Fonds des (netto) „working capital“ als Saldo aus Umlaufvermögen (current assets) und kurzfristigen Verbindlichkeiten (current liabilities)[118]. Der Board regte an, die Veränderung des Fonds ausgehend vom Gewinn zurückzurechnen und unterstellte, daß die Zwischensumme „Funds derived from operations“ mit der weitverbreitenten Kennziffer des „cash flow“ gleichzusetzen sei[119]. Wesentliche Veränderungen im Anlagevermögen und in der Kapitalstruktur (non-fund transactions) konnten gesondert dargestellt werden[120].

Die unbestimmten Vorgaben ergänzte der Board durch den Apell, die spezifischen Umstände des Unternehmens in dem Berichtsjahr so treffend wie möglich zu beschreiben. Die Beachtung der formellen und materiellen Kontinuität wurde ausdrücklich als weniger wichtig (less significant) eingestuft[121]. Vielmehr sollte zur aussagekräftigen Darstellung der Fondsveränderungen jeweils die unter den individuellen Besonderheiten geeignetste Art und Weise der Darstellung gewählt werden.

---

[113] Abgedruckt z.B. im JoAcc Nov. 1963, S. 65ff.

[114] APB Opinion No. 3 Nr. 8. Der APB fällte seine Entscheidung einstimmig; zwei Mitglieder vertraten jedoch die Ansicht, die meisten Investoren verstünden das Statement nicht, ein Mitglied wollte das Statement bereits verbindlich eingeführt wissen, JoAcc, aaO, S. 67f.

[115] APB Opinion No. 3; statistischen Angaben über die Verbreitung in Accounting Trends & Techniques 1963, S. 204.

[116] Mason, Accounting Research Study No. 2, „Cash flow“ Analysis and The Funds Statement, herausgegeben durch das American Institute of CPA's im November 1961; kritisch hierzu Paton, The „Cash-Flow“ Illusion, Accounting Review 1963, S. 244.

[117] APB Opinion No. 3, Nr. 9.

[118] APB Opinion No. 3, Nr. 2.

[119] APB Opinion No. 3, Nr. 6, 14.

[120] APB Opinion No. 3, Nr. 9.

[121] APB Opinion No. 3, Nr. 10.

Die APB Opinion No. 3 erkannte bereits die Gefahr von Fehlinterpretationen, sofern dem Leser des Jahresabschlusses nicht bewußt sei, daß die Erneuerung des Anlagevermögens durch Ersatzbeschaffungen mit erheblichen (Geld-)Ausgaben verbunden ist, und diese die Abschreibungen sogar noch übersteigen können. Das Statement könne die GuV daher nicht ersetzen, Verwechselungen von Gewinn und Cash Flow müßten sorgfältig vermieden werden[122]. Bereits die APB Opinion No. 3 lehnte aus diesem Grunde die Veröffentlichung einer Kennziffer „cash flow per share" als irreführend ab. Der Cash Flow lasse die erforderlichen Ausgaben für die Ersetzung und Erneuerung von Anlagevermögen nicht erkennen[123]. Sein auf jede Aktie entfallender Bruchteil werde zu leicht mit der bekannten Standardkennziffer „Gewinn pro Aktie" (earnings per share) verwechselt[124]. Diese ablehnende Haltung besteht bis heute fort: Auch das FASB Statement No. 95 verbietet die Bekanntgabe eines „Cash flow per share"[125].

Die Opinion No. 3 lobte das „Statement of Source and Application of Funds" als bedeutungsvolle Zusammenfassung bestimmter Geschäftsvorfälle und nützliche Information für Betriebs- und Investitionsentscheidungen[126]. Mit ihr leistete der APB einen wesentlichen Beitrag zur Entwicklung der Kapitalflußrechnung. Indem der Board weder Formen noch Inhalte verbindlich vorgab, ließ er der Praxis einen breiten Spielraum für die Erprobung vielfältiger Spielarten des statements. Mit den inhaltlich offenen Empfehlungen kam der APB den Bedürfnissen der Praxis entgegen und förderte die weitere Verbreitung des Statements.

2. APB Opinion No. 19: „Reporting Changes in Financial Position"

Im März 1971 konnte der Accounting Principles Board feststellen, daß seine Opinion No. 3 an den bedeutenden Börsenplätzen breite Zustimmung gefunden hatte und erheblich mehr Unternehmen ihren Anteilseignern auch ein Statement zugänglich machten[127]. Mit der Opinion No. 19 „Reporting Changes in Financial Position", die am 30.09.1971 in Kraft trat, führte der APB das

[122] APB Opinion No. 3, Nr. 4, 7, 14.

[123] Diesem Bedenken trägt der neuerdings eingeführte „Free-Cash-Flow" Rechnung, der nach folgender Grundformel berechnet wird: Gewinn vor Steuer + Abschreibungen ⁒ durchschnittliche Investitionen der letzten drei Jahre = Free Cash Flow. Für Firmenübernahmen wird der Free Cash Flow als wesentliche Unternehmenskennziffer angesehen, Analysereport der Österreichischen Creditanstalt-Bankverein, zitiert im Handelsblatt 15. 09. 1988, S. 48.

[124] APB Opinion No. 3, Nr. 15; ebenso APB Opinion No. 19, Nr. 15.

[125] FASB Statement No. 95, Nr. 33 und 122ff.

[126] APB Opinion No. 3, Nr. 4.

[127] APB Opinion No. 19, Nr. 1 und 2.

„funds statement“ verpflichtend ein[128] und erhob es damit in den formellen Rang einer 3. Jahresrechnung (third statement) neben Bilanz und GuV[129].

Diese Neuerung veranlaßte den Board, zu dem Verhältnis der drei Jahresrechnungen untereinander Stellung zu nehmen. Der Board stellte fest, das Statement weise sowohl mit der Bilanz als auch mit der GuV Verbindungen auf. Das Statement biete Informationen, die beide nur zum Teil oder in Fragmenten enthielten. Die GuV stelle das Ergebnis der Geschäftstätigkeit dar, ohne jedoch die Finanzbewegungen abzubilden. Veränderungsbilanzen könnten zwar wesentliche ergänzende Daten beisteuern und die Aussagekraft erheblich verbessern; die Ziele des Statements verlangten es jedoch, die Informationen geordnet und in leicht verständlicher Form darzustellen[130]. Den Zweck des Statements konkretisierte des APB als „die zusammenfassende Darstellung der durch die Geschäftstätigkeit erwirtschafteten Finanzmittel sowie der Finanzierungs- und Investitionsaktivitäten“[131].

Der neue Titel „Statement of Changes in Financial Position“ drückte die Modifikation der Zielsetzung aus: Die Opinion No. 19 widmete das Statement noch stärker den finanziellen Aspekten der Unternehmenstätigkeit. Die finanzielle Bedeutung des Fonds „working capital“ schätzte sie allerdings höher ein, als die des „cash“[132]. Zwar standen beide Fonds gleichwertig zur Auswahl nebeneinander[133], die Veränderungen der Elemente des „working capital“ waren jedoch auch dann aufzuführen, wenn der „cash“-Fonds gewählt wurde[134]. Die enge Verwandtschaft zum Cash Flow betonte der Board durch seine Empfehlung für die Ermittlung der Fondsveränderung durch Rückrechnung. Als Alternative, die zu demselben Ergebnis führen sollte, ließ die Opinion No. 19 aber auch die direkte Methode zu (fondswirksamen Einnahmen ./. fondswirksamen Ausgaben)[135]. Neben dem Fondsbeitrag aus Geschäftstätigkeit sollte das statement zusätzlich die Finanzierungen und Investitionen darstellen, soweit sie Auswirkungen auf die Liquidität hatten[136].

---

128 Abgedruckt z. B. im JoAcc Juni 1971, S. 69ff. Der APB fällte seine Entscheidung gegen die Stimme eines Mitgliedes das die Ansicht vertrat, der Board verlasse seinen Aufgabenbereich und überschreite mit der verbindlichen Einführung einer 3. Jahresrechnung möglicherweise sogar seine Zuständigkeit.

129 Regazzi, Why aren't financial statements understood?, JoAcc April 1974, S. 48, 49; Allgemein zur Darstellungsweise und Inhalt des Statements Jung, BB 1971, S. 91f.

130 APB Opinion No. 19, Nr. 5.

131 APB Opinion No. 19, Nr. 4 ; zu der gesonderten Darstellung der Finanzierungs- und Investitionsaktivitäten vgl. Nr. 6, 11, 13 und 14.

132 Zum finanzwirksamen Charakter des Working Capital, Neubert, WPg 1972, S. 658ff.

133 APB Opinion No. 19, Nr. 8.

134 APB Opinion No. 19, Nr. 12.

135 APB Opinion No. 19, Nr. 10.

136 APB Opinion No. 19, Nr. 6 und 13.

Bei der Beschreibung der Form und des Inhalts des Statements erkannte der Board das Bedürfnis nach Flexibilität erneut an und erhob die Aussagekraft zu Lasten der Kontinuität zum Maßstab der Darstellung[137]. Anders als noch die APB Opinion No. 3 verlangte die APB Opinion No. 19 jedoch eine Abwägung zwischen Aussagekraft und Kontinuität.

Die APB Opinion No. 19 war auf alle gewinnorientierten (Gegensatz: gemeinnützigen) Unternehmen anzuwenden, die einen vollständigen Jahresabschluß mit Bilanz und GuV veröffentlichten. Diese Abgrenzung ergab sich als Konsequenz aus der Überlegung, das „Statement of Changes in Financial Position" vervollständige sinnvoll die Darstellung der Veränderungen der Finanzmittel durch Bilanz und GuV. Die Grundinformationen des Statements waren damit immer dann zur Verfügung zu stellen, wenn Anteilseigner und Kreditgeber wirtschaftliche Entscheidungen nach ökonomischen Grundsätzen zu treffen haben[138].

Die Literatur würdigte die APB Opinion No. 19 als einen großen Fortschritt[139]. Bereits bald nach ihrem Erlaß meldeten sich jedoch gewichtige Stimmen, die Kritik an der Unbestimmtheit des Zwecks des Statements und an dem Mangel einer einheitlichen Fondsdefinition äußerten[140].

3. FASB Statement No. 95: „Statement of Cash Flows"

Als Nachfolgeinstitution des Accounting Principles Board befaßte sich der Financial Accounting Standards Board (FASB) seit 1978 damit, das Statement neu zu regeln. Erst im November 1987 hat der FASB jedoch die APB Opinion No. 19 mit dem „Statement of Financial Accounting Standards No. 95: Statement of Cash Flows" abgelöst.

a) Das Regelungsverfahren

Der langwierige Entscheidungsfindungsprozeß ist ein eindrucksvolles Beispiel für das aufwendige, gesetzgebungsartige Verfahren, in dem der FASB die Rechnungslegungsgrundsätze fortentwickelt. Die folgende Darstellung eröffnet zugleich einen Einblick in das enge Zusammenwirken der Organe des AICPA mit der Praxis[141].

---

137 APB Opinion No. 19, Nr. 9, 11.

138 APB Opinion No. 19, Nr. 7.

139 Exemplarisch Regazzi, aaO, S. 48, 49.

140 Spiller / Virgil, Journal of Accounting Research 1974, S. 114; Regazzi, aaO, S. 48, 51ff; Henry, JoAcc April 1975, S. 56ff.

141 Die folgende Darstellung der Synopsis des „Statement of Cash Flows" lehnt sich an die Ausführung in dem Appendix A des FASB Statement No. 95 an; allgemein zur Arbeitsweise des FASB Lück / Holzer, WPg 1976, S. 295.

(1) Im Auftrag des AICPA erstellte Loyd C. Heath im Jahre 1978 die Studie „Financial Reporting and the Evaluation of Solvency“[142]. Heath schloß seine Forschungen mit zwei Hauptthesen: Zum einen erteilte er dem „working capital“ zugunsten des „cash“-Fonds eine Absage. Zum anderen ergab seine Untersuchung, daß ein einziges Statement überfordert sei, den umfassenden Zielen der APB Opinion No. 19 zu genügen. Er empfahl daher, das „funds statement“ aufzulösen und es durch drei getrennte Rechnungen zu ersetzen. Eine Rechnung sollte die normale Geschäftstätigkeit darstellen, die zweite die Investitionen in das Anlagevermögen und die dritte den Finanzierungs- und Kapitalbereich[143].

(2) Am 12. Mai 1980 rief der FASB mit seiner „Invitation to Comment: Financial Statements and other Means of Financial Reporting“ die Industrie, Forschung und Lehre sowie den Berufsstand auf, zu den Ansichten von Heath Stellung zu nehmen[144].

(3) Mit einem „Discussion Memorandum“ unter dem Titel „Reporting Funds Flows, Liquidity, and Financial Flexibility“ stellte der FASB im Dezember 1980 zur Diskussion, ob ein einheitliches Fondskonzept für alle Statements eingeführt werden solle und welchem Fondsinhalt der Vorzug zu geben sei.

In der öffentlichen Anhörung von 32 Vertretern aus Wirtschaft, Forschung und Lehre sowie dem Berufsstand im Mai 1981 wurden gegen den „working capital“-Fonds starke Bedenken geäußert. Die Einwände wurden aus dem Konkurs der W.T. Grant Company hergeleitet[145], der im Jahre 1975 großes Aufsehen erregt hatte. Bereits seit 10 Jahren vor dem Zusammenbruch hatten sich die Liquiditätskennziffern verschlechtert; das in dem Statement ausgewiesene „working capital“ war hingegen noch mehrere Jahre stabil geblieben, so daß die Anteilseigner nicht vorgewarnt wurden. Als Grund für das Versagen des Funds Statements stellte sich heraus: Das Unternehmen hatte mit zahlungsschwachen Kunden Ratenzahlungsverträge abgeschlossen und die Forderungseinziehung vernachlässigt. Die als „kurzfristig fällig“ ausgewiesenen Forderungen wurden daher nicht in dem angenommenen Umfang eingezahlt. So entstanden Liquiditätsdefizite, die schließlich zum Konkurs führten[146].

Bereits in dieser Anhörung deutete sich an, daß der FASB der Praxis in ihrer Hinwendung zum Cash Flow folgen werde[147].

142 AICPA Accounting Research Monograph 3.

143 Heath, JoAcc Oktober 1978, S. 94.

144 Alle Verlautbarungen des FASB können beim Financial Accounting Standards Board, High Ridge Park, Stamford, Conneticut 06905 bezogen werden.

145 Fiflis / Kripke / Forster, Accounting for Business Lawyers, 3. Auflage, S. 534f; siehe auch den Kurzbericht über die Anhörung in JoAcc Juli 1981, S. 10; auch eine neuere Untersuchung von 290 Unternehmern von denen 60 in Konkurs gegangen waren, ergab, daß das working capital nicht geeignet ist, Konkurse frühzeitig anzuzeigen, Casey / Bartczak, Howard Business Review 1984, S. 61ff.

146 Häusler, Holzer, DB 1988, S. 1407, Fiflis / Kripke / Forster, aaO, S. 534f.

(4) Am 16. November 1981 veröffentlichte der FASB unter dem Titel „Reporting Income, Cash Flows and Financial Position of Business Enterprises“ das „Proposed Statement of Financial Accounting Concepts“. Erstmals schlug der Board für die Darstellung des Cash Flows eine formelle Gliederung vor[148]. Nach der Auswertung von 120 schriftlichen Stellungnahmen entschied sich der Board jedoch, noch kein verbindliches Statement zu erlassen. Statt dessen diskutierte er im Dezember 1983 in der Exposure Draft „Recognition and Measurement in Financial Statement of Buisness Enterprises“ und im Dezember 1984 in dem FASB Concept Statement No. 5 mit gleichem Titel die Rolle eines „Cash-flows statements“.

In diesem Stadium der Überlegungen gab die SEC den Weg für eine Neuregelung des Statements frei, indem sie das „Statement of changes in financial position“ in den Regulation S-X zum 30. September 1982 außer Kraft setzte[149].

(5) Im April 1985 nahm der FASB in sein Arbeitsprogramm auf, die Ziele eines „Statements of cash flows“ festzulegen. Zugleich sollte eine Entscheidung über seine verpflichtende Einführung als Bestandteil eines vollständigen Jahresabschlusses aller Unternehmen sowie die Definition der Komponenten des „cash flows“ getroffen werden. Mit der Einrichtung eines Ausschusses (task force) zur Cash-Flow Berichterstattung im Mai 1985 bereitete der Board sodann die Exposure Draft „Statement of Cash Flows“ vom 31. Juli 1986 vor. Nach der Auswertung von mehr als 450 Stellungnahmen aus Praxis und Lehre verabschiedete der FASB diesen Entwurf mit geringfügigen Änderungen im November 1987 als „Statement of Financial Accounting Standards No. 95, Statement of Cash-Flows“.

b) Inhaltliche Regelungen

Die Abkehr von dem traditionellen „funds statement“ bedeutet indes weder eine revolutionäre Neuerung noch das Ende der Kapitalflußrechnung in den USA. Vielmehr setzt das „Statement of Cash Flows“ die bisherige Entwicklung der Fondsrechnung konsequent fort[150]. Die autoritativen Kommissionen des AICPA haben den Nutzen einer Fondsflußrechnung und das mit dem Statement angestrebte Informationsziel mit jeder Richtlinie deutlicher beschrieben und enger eingegrenzt. Eine parallele Entwicklung wurde für Form und Inhalt des Statements vollzogen, die immer deutlicher herausgearbeitet wurden und in dem FASB Statement No. 95 ihre bislang klarste Regelung erfahren haben.

---

147 Ijiri / Trueblood, aaO, S. 40.

148 Vgl. den Kurzbericht des FASB, JoAcc Januar 1982, S. 10.

149 Siehe oben II. 2. a).

150 Ebenso Thomas, Reporting cash flow information, JoAcc November 1982, S. 98ff.

In der Einleitung zum Statement No. 95 „Statement of Cash Flows" geißelt der FASB das Fehlen einer klaren Zielbestimmung, den Mangel einer eindeutigen Fondsdefinition sowie einheitlicher Formen und Inhalte des Statements, die jeden Vergleich mit anderen Unternehmen verhinderten[151]. Aus dieser Erkenntnis führte der FASB die im folgenden skizzierten Neuregelungen ein:

(1) Der Board hilft dem beklagten Mangel klarer Ziele ab und legt fest: Das Statement soll es Anteilseignern, Kreditgebern und anderen Interessenten ermöglichen,

- die Fähigkeiten des Unternehmens zu beurteilen, in der Zukunft einen positiven Netto-Cash-Flow zu erwirtschaften;
- die Möglichkeiten des Unternehmens einzuschätzen, seine Schulden zu tilgen und Dividenden auszuschütten, sowie ggf. ein Erfordernis zur Aufnahme von Fremdkapital zu erkennen;
- die Gründe der Abweichungen zwischen dem Gewinn und den ihm zugrundeliegenden Einnahmen und Ausgaben zu erschließen;
- die Auswirkungen der Investitions- und Finanzierungsentscheidungen auf die Finanzlage des Unternehmens nachzuvollziehen[152].

(2) Der FASB verlangt inhaltlich die Darstellung der Einnahmen und Ausgaben während der Berichtsperiode in einem „Statement of Cash Flows"[153]. Der Board bestimmt den Fondsinhalt verbindlich als „cash"[154] und definiert „cash" als

- Bargeld (Kasse) und jederzeit abrufbare Geldforderungen, insbesondere aus Bankguthaben[155] sowie
- geldähnlichen Mittel (cash equivalents): Wertpapiere, die jederzeit zu bekannten Kursen leicht veräußerbar sind und eine (Gesamt-)Laufzeit von längstens 3 Monaten aufweisen[156].

Mit dieser Festlegung des Fondsinhaltes trägt der FASB dem gestiegenen Interesse der Praxis an Geldbewegungen und Liquidität Rechnung[157]. Bereits

---

151 FASB, Statement of Financial Accounting Standards No. 95, Statement of Cash Flows, Nr. 4.

152 FASB, aaO, Nr. 5.

153 Hierzu Thomas, aaO, S. 98ff.

154 Dies forderten bereits Seed, Inflation – Its' impact on Financial reporting and decision making, Financial Executive, July 1978, S. 44; ähnlich Colemann, Restructuring the Statement of Changes in Financial Position, Financial Executive, January 1979, S. 36ff und Ijiri / Truelblood, Recovery Rate and Cash Flow Accounting, Financial Executive March 1980, S. 54.

155 FASB, aaO, Anm. 1 zu Nr. 7.

156 FASB, aaO, Nr. 8 - 10.

157 Thomas, JoAcc November 1982, S. 98ff, insbes. 99; Casey / Bartczak, Howard Business Review 1984, S. 61; Greene, zitiert in JoAcc Juli 1981, S. 108; nach Seed / Little, The Funds Statement, zitiert bei Häusler / Holzer, DB 1988, S. 1408 – stieg die

im Jahre 1981 hatte das Financial Executive Institute den Unternehmen empfohlen, innerhalb ihres „statements of changes in financial position" auf freiwilliger Basis den Cash Flow gesondert auszuweisen[158]. Auch die Literatur hatte sich soweit ersichtlich seit 1978 in ihren zahlreichen Stellungnahmen einstimmig für eine Beschänkung des Fondsinhaltes auf Geld und geldähnliche Vermögensgegenstände ausgesprochen[159].

(3) Der FASB ist der Empfehlung von Heath gefolgt, die Geldbewegungen entsprechend ihrer Verursachung in drei getrennten Kategorien darzustellen[160]. Da die Einteilung an den Tätigkeitsbereich anknüpft, dem die Veränderung des Geldmittelbestandes entstammt, wird diese Gliederung auch als „activity"-Format bezeichnet:

1. Investitionen[161]:
   In Finanzanlagen und Anlagevermögen einschließlich der Kapitalrückflüsse und Veräußerungserlöse
2. Finanzierungsbereich[162]:
   Aufnahme und Rückzahlung von Krediten (nur Kapitalsumme ohne Zinsen) und Emission von Aktien, einschl. der Zahlung von Dividenden und dem Rückerwerb eigener Anteile
3. Geschäftstätigkeit[163]:
   Umfaßt alle anderen Geldbewegungen und damit alle Auswirkungen der Aufwendungen und Erträge auf den Bestand liquider Mittel[164]:
   - Einnahmen, einschließlich Dividenden und Zinseinkünften sowie
   - Ausgaben, einschließlich der Zinsen

Verwendung des Fonds flüssiger Mittel von 15% in 1980 auf 67% in 1983 an; Gibson / Klammer / Leed stellten bei einer Befragung von Steuerberatern 1986 eine wohl traditionell bedingte Vorliebe der CPA's mit örtlicher Klientel für das „working capital" fest, CPA-Journal November 1986, S. 25f.

158 Noch früher sprach sich das „Subcommitte of the American Accounting Association's Committee on Financial Accounting Standards" für den Geldmittel-Fonds aus, Accounting Review 1977, S. 202.

159 Exemplarisch Seed, Financial Executive Juli 1978, S. 44; Coleman, Financial Executive Januar 1979, S. 36, 40; Ijiri / Trueblood, Financial Executive März 1980, S. 58f; Ketz / Kochanek, Financial Executive Juli 1982, S. 40; auch das American Institute of Certified Public Accountants wählte in seinem eigenen Jahresabschluß bereits im Jahre 1981 den Fonds „Cash and marketable securities", Beilage zum JoAcc 1982, S. 8.

160 Gibson / Klammer / Leed stellten bei ihrer Auswertung der 100 Stellungnahmen von Accounting-Professoren fest, daß die drei Kategorien ganz überwiegend mit 84,2 - 98,9% als bedeutsam angesehen wurden. Bei CPA's ergab sich hingegen eine Präferenz für die einfache Unterteilung nach „Sources" und „Uses", aaO, S. 28ff.

161 FASB, aaO, Nr. 15 - 17.

162 FASB, aaO, Nr. 18 - 20.

163 FASB, aaO, Nr. 21 - 24.

164 FASB, aaO, Nr. 21.

Für jeden dieser drei Bereiche ist eine getrennte Cash-Flow-Berechnung aufzustellen, die die jeweiligen Geldbewegungen der Berichtsperiode und ihre Auswirkungen auf den Bestand an Geld und geldähnlichen Mitteln darstellt[165]. Zusätzlich sind die Finanzierungs- und Investitionsaktivitäten anzugeben, die im Berichtszeitraum (noch) nicht zu Geldbewegungen geführt haben[166].

(4) Der FASB empfiehlt erstmals, den Cash-Flow aus Geschäftstätigkeit nach der direkten Methode zu ermitteln[167]. Diese Empfehlung ist z.T. eine Auswirkung der Stellungnahmen zu der Exposure Draft, die in ihrer Mehrheit die zwingende Einführung der direkten Methode verlangten[168]. Gibson/Klammer/Reed hatten bei einer systematischen Befragung 1976 festgestellt, daß die Accounting Professoren mit 59% zu 34% die direkte Ermittlung befürworteten. Die CPA's votierten hingegen bei dieser Untersuchung mit 74% für die indirekte Ableitung[169].

Der Board hat das Für und Wider der direkten und indirekten Methode sorgfältig erwogen[170]. Der direkten Methode (Herleitung der Veränderung des Geldbestandes unmittelbar aus den Geldbewegungen) schreibt er als wesentlichen Vorteil zu, daß die Einnahmen mit ihrer Quelle und die Ausgaben mit ihrem Verwendungszweck aufgeführt werden[171]. Hingegen mache die indirekte Methode die Unterschiede zwischen Gewinn und betrieblich erwirtschafteten Mitteln durchschaubar[172]. Die Rückrechnung bleibt weiterhin zugelassen[173]. Als ihr Hauptvorteil wird hervorgehoben, daß sie die Unterschiede zwischen Gewinn und Veränderung der Geldmittel durchschaubar macht. Auf eine anschauliche Darstellung der Unterschiede zwischen Gewinn und den betrieblich erwirtschafteten Mitteln will der Board trotz der Priorität für die direkte Methode nicht verzichten: Unternehmen, die (der Empfehlung folgend) die direkte Methode wählen, müssen zusätzlich nach der indirekten Methode den Unterschied zwischen dem Jahresergebnis und dem Netto-Cash-Flow darstellen[174].

(5) Auch der FASB hält die Informationen des „Statements of Cash Flows" für alle wirtschaftlichen Entscheidungen für relevant und erforderlich. Das

[165] FASB, aaO, Nr. 14.

[166] FASB, aaO, Nr. 32.

[167] FASB, aaO, Nr. 27; Strukturen für die direkte Methode entwickelten erstmals Ijiri / Trueblood, aaO, S. 58ff.

[168] FASB, aaO, Nr. 111.

[169] Gibson / Klammer / Reed, aaO, S. 32, 35.

[170] FASB, aaO, Nr. 106 II.

[171] FASB, aaO, Nr. 107.

[172] FASB, aaO, Nr. 108; Häusler / Holzer, aaO, S. 1409.

[173] Der Board unterstellt, daß beide Rechenweisen denselben Cash Flow Betrag ermitteln, FASB, aaO, Nr. 28.

[174] FASB, aaO, Nr. 30.

Statement of Financial Accounting Standards No. 95 gilt – ebenso wie die APB Opinion No. 19 – für alle geschäftlichen Unternehmen (business enterprise), die ihre Geschäftsentwicklung mittels Bilanz und GuV darstellen[175]. Gemeinnützige Organisationen sind bislang nicht verpflichtet, insofern hat sich der FASB noch eine Entscheidung vorbehalten[176]. Das FASB Statement No. 95 gilt für alle Rechnungsperioden, die nach dem 15. Juli 1988 enden[177].

(6) Die neue Form des Statements wird mit zwei aus dem FASB Statement No. 95 übersetzten Beispielen in Anhang 2 illustriert. Die folgenden Kurzformen dieser umfänglichen Rechnungen illustrieren den Unterschied zwischen direkter und indirekter Methode:

(a) Direkte Methode
  Veränderung der Finanzvorräte durch
  (1) Geschäftstätigkeit
    - Einnahmen
      - Zahlungen von Kunden
      - Zinsen
      - Zahlungen von Versicherungen
    - Ausgaben
      - Material und Personal
      - gezahlte Zinsen
      - gezahlte Ertragssteuern
  (2) Investitionen
    - Verkauf von Anlagegütern
    - Ausgaben für Investitionen
  (3) Finanzierungen
    - Netto-Kreditaufnahme
    - Kredittilgungen
    - Einnahmen aus Aktienemissionen
    - Gezahlte Dividenden

Saldo: Veränderungen des Geldvorrates in der Berichtsperiode

(b) Indirekte Methode: Ermittlung des Cash Flow aus Geschäftstätigkeit

  Jahresüberschuß/-fehlbetrag
  Ausgleichsposten zur Angleichung des Gewinns an die Veränderung des Geldbestandes:
  + Aufwand ohne Geldabfluß
    - Abschreibungen
    - Zunahme Verbindlichkeiten
  ./. Erträge ohne Geldzufluß
    - Von Schwesterfirma nicht ausgeschüttete Gewinne
    - Zunahme aktiver Rechnungsabgrenzungsposten
  Saldo: Geldzunahme aus Geschäftstätigkeit

---

[175] FASB, aaO, Nr. 3; so auch bereits APB Opinion No. 3, Nr. 3.
[176] FASB, aaO, Nr. 68f.
[177] FASB, aaO, Nr. 128.

4. Geltung kraft Standesrechts

Die Verlautbarungen des AICPA und seiner autoritativen Organe entfalten ihre Wirkung über das Standesrecht. Anders als die Kapitalmarktregelungen des bundesrechtlichen Normenkomplexes beschränkt sich die Geltung der Rechnungslegungsgrundsätze des AICPA damit nicht auf die Emission von Wertpapieren oder ihren Handel. Sie verpflichten vielmehr auf standesrechtlicher Ebene den Certified Public Accountant in seiner Eigenschaft als Prüfer (auditor) des Jahresabschlusses beliebiger Unternehmen in jeder Rechtsform. Über diesen Umweg entfalten die Regelungen des Standesrechts materiell gesetzesähnliche Wirkungen mit unternehmens- bzw. gesellschaftsrechtlichem Einschlag. Über die Accounting Series Release No. 4 kommen ihnen darüber hinaus wertpapierrechtliche Wirkungen zu.

Der „Code of Professional Ethics“[178] hat sich in einem langen Prozeß seit der Jahrhundertwende entwickelt und ausgeformt[179]. Er schreibt den Certified Public Accountants vor[180], bei der Ausübung ihres Berufes stets die „general and technical standards“ in der Auslegung durch die zuständigen Gremien zu beachten und zu wahren[181]. Entsprechend untersagen die „Rules of Conduct“ dem Prüfer, in seinem Testat dem Jahresabschluß die Übereinstimmung mit den „generally accepted accounting principles“ zu bestätigen, sofern er von diesen Regeln wesentlich abweicht[182]. Zulässig ist eine Abweichung lediglich, wenn der Jahresabschluß gerade durch die Beachtung der Regeln irreführend würde. In diesem eng begrenzten und praktisch seltenen Ausnahmefall muß die Abweichung und ihre Auswirkungen in dem Testat aufgedeckt und – sofern praktikabel – begründet werden[183].

Für die „Opinions“ des Accounting Principles Board stellt das „Spezial Bulletin: Dislosures of Departures from Opinions of the Accounting Principles Board“ des Council des AICPA vom Oktober 1964 die Bindung der Certified Public Accountants ausdrücklich fest. Bei Gründung des FASB hat der Council diese Erklärung auch auf dessen „Statements of Financial Accounting Stan-

[178] Eine Zusammenstellung aller für das Standesrecht maßgeblicher Regeln findet sich in dem vom AICPA herausgegebenen und bei Commerce Clearing House, Chicago, Ill., publizierten Loseblattsammlung „Professional Standards, Volume 22“.

[179] Carey / Doherty, Ethical Standards by the Accounting Profession, New York 1966, S. 7.

[180] Der Code of Professional Ethics leitet seine Kompetenz aus der Satzung (By-Law) des AICPA ab, die den „Trial Board“ in Section 7.4 ermächtigt, ein Mitglied, das die „Rules of Conduct“ verletzt hat zu verwarnen (adomish) sowie zeitlich beschränkt (suspend) oder für immer (expel) aus dem Berufsstand auszuschließen, CCH, AICPA Professional Standards, Bd. 2, ET Section 92.

[181] Code of Professional Ethics, Rule 03.

[182] Eine deutsche Übersetzung des üblichen US-amerikanischen Testats findet sich bei Powell, WPg 1964, S. 85.

[183] Rules of Conduct in der Fassung vom 01. 03. 1973, Rule 203.

dards" ausgedehnt[184]. Mit diesen Verbindlichkeitserklärungen wurde der Schulterschluß zwischen SEC und AICPA bei der Fortentwicklung der Rechnungslegungsgrundsätze auf der Seite des Berufsstandes formell vollzogen.

Seit 1971 darf ein Certified Public Accountant einem Jahresabschluß die Beachtung der Grundsätze ordnungsgemäßiger Buchführung und Rechnungslegung nur noch testieren, wenn die Abbildung der Finanzmittel und ihrer Veränderungen in Bilanz und GuV um eine Fondsrechnung vervollständigt ist[185]. Ein CPA, der einen Jahresabschluß ohne ein entsprechend der APB Opinion No. 19 oder dem FASB Statement No. 95 aufgestellte „funds statement" testiert, wäre gem. Section 7.4 der Satzung (By-Law) des AICPA vor dem Ehrengericht (Trial Board) zur Verantwortung zu ziehen[186].

V. Der Börsenkrach im Oktober 1987

Auslöser der weltweit als vorbildlich erachten Wertpapiermarktregelungen und des ausgeprägten Investorschutzes in den USA[187] war der Verfall der Börsenkurse am „Schwarzen Freitag" des 25. 10. 1929. Mit den Bundeswertpapiergesetzen wollte der Kongress das Vertrauen der Anleger in die depressionsgeschüttelte Wirtschaft wiederherstellen[188]. Fast auf den Tag genau 58 Jahre später wurde die Wallstreet und in ihrem Gefolge die weltweiten Börsenplätze am 19. 10. 1987 erneut von einem „Sturzflug der Kurse" erschüttert, der die Verluste in 1929 prozentual sogar noch überstieg. Der Dow Jones Index fiel um katastrophale 508 Punkte.

Die Frage drängt sich auf: Wurde die Wirksamkeit des seit 1931 aufgebauten und mehrschichtig angelegten Regelungssystems zum Schutz des Investors im Jahre 1987 durch den erneuten Kursverfall widerlegt? Welche Bedeutung kann der Wirksamkeit der „disclosure"-Philosophie noch beigemessen werden, da sie die Kurseinbrüche weder verhinderte noch dämpfte? Auch der Nutzen des Funds Statements ließe sich in Frage stellen, da es die Wertverluste nicht ankündigte.

Zur Untersuchung des Börsenkrachs am 19. 10. 1987 hatte der Präsident der Vereinigten Staaten Reagan umgehend eine Untersuchungskommission

---

184 CCH AICPA Professional Standards Bd. 2, Interpretation under Rule 203, Section 203, 03 203 - 2.

185 APB Opinion No. 19, Nr. 4; siehe auch unten 4.

186 Zu den weiteren Verantwortlichkeiten des CPA bei Verstößen: Carey / Doherty, aaO, S. 8ff.

187 Ein Lied des Lobes sang noch im Juni 1987 Cook in seinem Beitrag „Two Years of Progress in Financial Accounting and Reporting – February 1985 to January 1987", JoAcc 1987, S. 96.

188 Flamholtz, Diana in Coffman (Hrsg.), Working Paper No. 27 „The Structure of Scientific Revolutions and its Implications for the Developement of Accounting Policy", S. 131.

eingesetzt. Nach ihrem Vorsitzenden, einem ehemaligen US-Senator und Chairmann einer alteingesessenen Wallstreetfirma trug sie den Namen „Brady Commission". Ihren 74-seitigen Untersuchungsbericht veröffentlichte das Weiße Haus am 8. Januar 1988.

1. Ursachen der Kurseinbrüche

Die Brady-Commission sieht die Ursachen für die Kursverluste in zwei Bereichen[189]:

a) Der erste Bereich umfaßt die politischen und volkswirtschaftlichen Einflüsse auf die Kursbildung. Der Kommissionsbericht nennt die instabilen Wechselkurse und führt als im Oktober 1987 aktuell wirksame negative Faktoren auf: Die Bekanntgabe eines unerwartet hohen US-Handelsdefizits, das erneute Ansteigen der Zinsen, eine beabsichtigte Verschärfung der Steuergesetze, einen Gesetzentwurf des Repräsentantenhauses zur Einschränkung von Firmenübernahmen und Unternehmensverschmelzungen sowie den Wechsel in der Führung der Federal Reserve von ihrem langjährigen hochangesehenen Vorsitzenden Paul Volcker auf seinen noch wenig bekannten Nachfolger Alan Greenspand. Diese Umstände hatten im Herbst 1987 zunächst zu leichten Kursrückgängen und wohl auch zu einer Sensibilisierung des Wertpapiermarktes geführt.

b) Eine zweite Ursache sieht die Brady-Commission in den Geschäftsabläufen an der Wallstreet, die scharf kritisiert werden. Der Bericht wirft den Aktienhändlern und an der Börse tätigen Firmen vor, sie hätten das Chaos nicht verhindert, sondern es sogar noch verschlimmert und die Interessen der Kleinaktionäre und -anleger zum eigenen Vorteil aufgegeben[190].

(1) Der Bericht geißelt das von immer mehr institutionellen Anlegern (sogen. portofolioinsurers) angewandte System zur Sicherung der eigenen Depots durch Verlustbegrenzung bei fallenden Kursen. Bei dieser computergestützten Strategie wird ein Anlagepapier verkauft, wenn ihr Kurs unter einen vorher festgelegten und im Computer gespeicherten Wert fällt. Der Computer überwacht die Kursentwicklung und löst die Verkaufsorder („stop-loss-order") automatisch und ohne Rücksicht auf sonstige Umstände aus, wenn der Mindestkurs unterschritten wird[191].

Die Brady-Commission sieht eine klare Verbindung zwischen der Strategie der Depotsicherung durch institutionelle Anleger, Händler usw. und den ver-

---

[189] Grundlage der nachfolgenden Darstellung ist die auszugsweise Wiedergabe des Berichtes in der New York Times vom 9. Januar 1988, S. 18.

[190] James B. Steward und Daniel Hertzberg, Report by Task Force On Stock Market Crash Calls for Major Changes, The Wall Street Journal vom 11. 01. 1988, S. 1.

[191] Randall Smith, A Few U.S. Firms Dominated Black Monday Stock Sell-Off, The Wall Street Journal vom 11. 01. 1988, S. 22.

hängnisvollen Verkaufswellen. Die fallenden Preise und die hierdurch computergesteuert ausgelösten weiteren Verkaufsaufträge hielten die verhängnisvolle Spirale des Preisverfalls in Gang.

(2) Weitere Kritik richtet der Bericht gegen die Teilung des amerikanischen Wertpapiermarktes in die selbständigen Bereiche Aktien- und Anleihen sowie Optionen und Warentermingeschäfte. In einer minutengenauen Darstellung der Ankaufs- und Verkaufsaufträge am 19. und 20. Oktober 1987 weist der Kommissionsbericht nach, daß der Handel mit Aktien und die Termingeschäfte einen einheitlichen Markt bildet. Die institutionellen Anleger treffen ihre Entscheidung auf der Grundlage der Kursentwicklungen in beiden (Teil-) Märkten; sie sind jederzeit bereit ihre Anlage zu verkaufen, um einer positiven Kurserwartung in das andere Marktsegment zu folgen.

Am 19. 10. 1987 war der Informationsfluß zwischen den Börsen und den Wertpapierhändlern wegen einer Überlastung des Computerssystems der New Yorker Börse unterbrochen. Zusätzlich traf der Vorstand der New Yorker Stock Exchange am 20. 10. 1987 die von der Kommission kritisierte Entscheidung, ihre Computersysteme nicht mehr zur Information über die Kurse im Warenterminmarkt zur Verfügung zu stellen. Ohne die Möglichkeit zur Beobachtung der Kursentwicklung, verhielten sich die potentiellen Anleger jedoch abwartend. Das Kaufinteresse ging noch weiter zurück, so daß sich die Kurse nicht stabilisieren konnten.

2. Empfehlungen der Brady-Commission

Die Brady-Commission sucht der Gefahr erneuter Kurseinbrüche mit weitreichenden Empfehlungen zu begegnen.

Im Mittelpunkt der Forderungen der Kommission steht eine rechtliche Vereinheitlichung des Wertpapiermarktes. Hierzu sollen in allen Marktsegmenten einheitliche „Margen“[192] eingeführt werden. Die Aufsichts- und Regelungsauthorität müsse einheitlich für den gesamten Wertpapiermarkt auf eine einzige staatliche Behörde – möglichst unter der Schirmherrschaft des Federal Reserve Board – übertragen werden. Die Kritik wird allgemein in erster Linie auf die „Commodity Futures Trading Commission“ bezogen, die den Warenterminhandel seit ihrer Gründung Mitte der 70er Jahre wenig druckvoll geregelt hat (Stichwort: „hands-off regulation“). Auch die als strenger und unabhängiger anerkannte SEC[193] hat sich jedoch gegen eine Einbuße an Kompetenzen entschieden gewehrt, so daß eine Umorganisation bislang nicht verwirklicht werden konnte.

---

[192] Definition: Bei den Börsen zu hinterlegende Barbeträge bei Wertpapierkäufen auf Kredit.

[193] Scott McMurray, Brady Commission Report Signals an End To Hands-Off Treatment of Futures Industry, The Wall Street Journal vom 11. 01. 1988, S. 22.

Auch die umstrittenste Empfehlung des Berichtes wurde bislang nicht umgesetzt. Sie sah Eingriffe in das Marktgeschehen zur Unterbrechung eines sich selbst beschleunigenden Preisverfalls vor: Sobald die Kurse bestimmte Preisgrenzen unterschreiten, soll der Handel unterbrochen werden („circuit braker mechanism"). Die Handelspausen sollen den potentiellen Investoren Gelegenheit geben, die gesunkenen Kurse zu Ankaufsentscheidungen zu nutzen und auf diese Weise den Markt zu stabilisieren.

3. Schlußfolgerungen

Soweit der Kursverfall im Oktober 1987 politisch oder volkswirtschaftlich bedingt war, sind die Ursachen einer Beeinflussung durch die (Wertpapier-) Gesetzgebung ebensowenig zugänglich, wie die allgemeinen Werteinschätzungen des Anlegerpublikums, das die Aktienkurse in den Vorjahren auf ein Rekordniveau hochgeschaukelt hatte. Sie können daher nicht als Beurteilungskriterium herangezogen werden.

Soweit die Ursachen der Kursverluste ihre Ursache in den Organisationsabläufen an der Börse sowie der Struktur eines zweigeteilten Anlagemarktes hatten, ist die „disclosure"-Philosophie ebenfalls als Remidium ungeeignet. Sie stützt die Einschätzung des Berichtsunternehmes und bewertet dessen Vermögen und Fähigkeit einen Gewinn sowie Zahlungsüberschüsses zu erzielen[194]. Außerhalb des Berichtsunternehmens gelegene Umstände und Risiken bezieht die Rechnungslegung naturgemäß nicht ein.

Die Krise des 19. 10. 1987 ist daher nicht geeignet, den Sinn und die Berechtigung des Funds Statements in Frage zu stellen. Sie hat jedoch die begrenzte Reichweite der „disclosure"-Philosophie aufgezeigt und ihre Grenzen deutlich gemacht: Auch die ausgedehnteste Rechnungslegung ist gegen die durch volkswirtschaftliche Daten stimulierte Börsentendenz wirkungslos. Die als Reaktion auf den Schwarzen Freitag des Jahres 1929 ins Werk gesetzte Wertpapiergesetzgebung allein gewährleistet keinen umfassenden Anlegerschutz[195]. In diesem Sinne ist Douglas und Bates recht zu geben, die bereits 1933 die damals gerade verabschiedete Securities Act kritisierten und anmerkten: „There is nothing in the Act which would control the speculative craze of the American public"[196].

[194] Hellers, aaO, S. 91.

[195] So noch der SEC Report of the Special Study of Securities Markets im Jahre 1963, zitiert bei Bogen / Shipman (Hrsg.), Financial Handbook, S. 9, 28.

[196] Douglas / Bates, The Federal Securities Act of 1933, Yale Law Journal December 1933, S. 171.

C. Die Kapitalflußrechnung im Recht der Bundesrepublik Deutschland

I. Historische Ursprünge

Die wirtschaftliche Entwicklung Deutschlands verlief in kleineren Schritten und langsamer als die stürmische Landnahme und Industrialisierung in den USA. Der Bau der ersten Eisenbahnen hatte in Deutschland ungleich kürzere Entfernungen zu überwinden. Ebenso wie die aufwendige Anlage von Kanälen begriff man ihn in vielen Fällen bereits als staatliche Aufgabe[1]. Die „industrielle Revolution“ wurde hauptsächlich von wenigen Unternehmerfamilien getragen, die ihr Firmenkapital über mehrere Generationen aufbauten und sich zum Teil bereits einer bescheidenen staatlichen Gewerbeförderung erfreuen konnten[2].

1. Entwicklung der Rechnungslegung

Den Erfordernissen des Gläubiger- und Anlegerschutzes trugen in Deutschland sowohl die Vorschriften des Handels- und Gesellschaftsrechts als auch des Börsenrechts Rechnung.

Ihren Ursprung haben die Vorschriften zur Rechnungslegung und Prüfung in dem Recht der Aktiengesellschaften; die Öffentlichkeit der Rechnungslegung ist traditionell ein Kernstück des aktienrechtlichen Anlegerschutzes[3]. Bereits das Allgemeine Deutschen Handelsgesetzbuches (ADHGB) von 1861 verpflichtete den Vorstand der AG, „den Aktionären spätestens in den ersten sechs Monaten jedes Geschäftsjahres eine Bilanz des verflossenen Geschäftsjahres vorzulegen“[4]. Die Aufgabe des Konzessionssystems[5] in der Aktien-

[1] Für den Mittellandkanal vgl. Horn, Der Kampf um die Mittellandkanal-Vorlage aus dem Jahre 1899, in Born (Hrsg.), Moderne deutsche Wirtschaftsgeschichte, S. 309ff. Auch die Eisenbahnen waren zumindest in den preußischen Gebieten überwiegend staatlich, siehe die deutsche Übersetzung des 1958 veröffentlichten Aufsatzes von W.O. Henderson, Die Entstehung der preußischen Eisenbahnen 1815 - 1848, Born, aaO, S. 137ff.

[2] W. Fischer, Theorie und Praxis der Gewerbeförderung, in Born (Hrsg.), aaO, S. 86ff mit vielen geschichtlichen Beispielen; ein weiteres Beispiel schildert U. Hofmann, „Das erste Etablissement im Deutschen Zollverein“ (Die älteste deutsche Zukkerfabrik wird 150 Jahre alt), Frankfurter Allgemeine Zeitung vom 14. 5. 1987, S. 18.

[3] Einen Überblick über das anlegeschützende Recht gibt Schwark, Anlegerschutz durch Gesellschaftsrecht, 1979, S. 16ff.

[4] Zur Entwicklung der Publizität der AG siehe Schwark, aaO, S. 174ff.

rechtsnovelle von 1870 und der wirtschaftliche Aufschwung Deutschlands nach dem Krieg von 1870/71 förderten die Spekulationsbereitschaft eines leichtgläubigen Anlegerpublikums, viele betrügerisch aufgebauten Aktiengesellschaften brachen zusammen[6]. Mit der Reform des Gründungsrechts in der Novelle von 1885 begegnete der Gesetzgeber diesen Mißbräuchen: Seit 1885 ist auch die GuV den Aktionären vorzulegen und zu veröffentlichen[7].

Bereits die Allgemeine Begründung zum Aktiengesetz 1884 formulierte das deutsche Verständnis des Anlegerschutzes: Wer sich an einer Aktiengesellschaft beteiligen will, soll sich in eigener Verantwortung entscheiden, der Gesetzgeber kann und will ihm das Anlagerisiko nicht abnehmen[8]. Der Gesetzgeber erkannte seine Verantwortung darin, eine umfassender Informationen der (potentiellen) Aktionäre zu sichern und damit die Voraussetzungen für eine eigenverantwortliche Entscheidung der Anleger zu schaffen[9]. Dieses Ziel, das weitestgehend dem englischen „disclosure" entspricht, wurde im deutschen Recht bereits im 19. Jahrhundert Leitgedanke des Aktionärsschutzes. Ergänzend schreibt das Börsenrecht bereits seit dem Börsengesetz von 1896 vor, daß mit dem Antrag auf Zulassung zur amtlichen Notierung ein Emissionsprospekt vorzulegen ist[10].

Die Aktienrechtsnovelle 1931 führte die Pflichtprüfung durch unabhängige Abschlußprüfer ein[11]. Dieses klassische Mittel zur Verbesserung der Zuverlässigkeit des Jahresabschlusses übernahm der Gesetzgeber aus dem englisch-amerikanischen Recht[12]. Das Aktiengesetz 1931 räumte den Prüfern ein, den Bestätigungsvermerk (Testat) zu versagen oder einzuschränken,

> „wenn der Geschäftsbericht ... offensichtlich eine falsche Darstellung von den Verhältnissen der Gesellschaft erweckt, die geeignet ist, das durch den Jahresabschluß vermittelte Bild von der Lage der Gesellschaft zu verfälschen."[13]

---

[5] Zum Normativsystem in den Aktienrechtsreformen von 1870 und 1884 Hommelhoff, Peter, Eigenkontrolle statt Staatskontrolle, in Schubert / Hommelhoff (Hrsg.), Hundert Jahre modernes Aktienrecht, ZGR Sonderheft 4, S. 62ff.

[6] Schubert, Werner, Die Entstehung des Aktiengesetzes vom 18. Juli 1884, in Schubert / Hommelhoff, aaO, S. 56 u. 64f; Eckhardt in Geßler u. a., Aktiengesetz, 1973, Vorb. Rdn. 10.

[7] Art. 239 Abs. 1 ADHGB, zitiert nach Anschütz, Dölderndorff, Kommentar zum Allgemeinen Deutschen Handelsgesetzbuch 1885.

[8] Reichstag, Stenographische Berichte, 9. Legislaturperiode IV Session 1895/97, Erster Anlagenband, Aktenstück Nr. 14, S. 23, zitiert bei Schubert, aaO, S. 68.

[9] Schubert, aaO, S. 68.

[10] Zur Geschichte des Börsengesetzes von 1896 Bremer, Grundzüge des deutschen und ausländischen Börsenrechts, S. 27f; Schwark, Börsengesetz, Einl. Rdn. 1ff; Schubert, aaO, S. 67f.

[11] Das AktG erging 1931 zunächst als Notverordnung, § 135 Abs. 1 der Verordnung des Reichspräsidenten über Aktienrecht vom 19. 09. 1931, RGBl. 1931 I, S. 493; zur Geschichte: Schmidt / Meyer-Landrut in Großkommentar AktG, 2. Auflage 1961, Einleitung S. 3ff.

[12] Gadow u. a., Großkommentar zum Aktiengesetz, 1939, Vor § 135; Kropff in Geßler u. a., Kommentar zum AktG 1975, Vorbem. Rdn. 2.

Die Ansicht, daß Bilanz und GuV notwendig das „richtige" Bild von den Verhältnissen der Gesellschaft vermitteln und nur der Geschäftsbericht als subjektive Einschätzung „falsch" sein könne, erscheint uns heute überholt. In ihrer Ähnlichkeit mit § 264 Abs. 2 HGB, der das „den tatsächlichen Verhältnissen entsprechende Bild" zum Maßstab des Jahresabschlusses erhebt, war diese Vorschrift jedoch richtungweisend[14].

Parallel zur Einführung der Pflichtprüfung im Aktienrecht konstituierte eine Vereinbarung zwischen der Reichsregierung und den Länderregierungen im Jahre 1931 den Berufsstand des „Öffentlich bestellten Wirtschaftsprüfers"[15]. Im Jahre 1969 wurde die aktienrechtliche Rechnungslegung durch das Publizitätsgesetz auf alle Großunternehmen gleich welcher Rechtsform ausgedehnt[16].

2. Entwicklung der Kapitalflußrechnung

Der erste Anstoß zur Entwicklung der Kapitalflußrechnung ging in Deutschland von Bilanzbesprechungen der Handelspresse und Lehrbüchern der Bilanzanalyse aus[17]. Die Handelspresse ermittelte Anfang der 20er Jahre aus dem Vergleich zweier aufeinanderfolgender Bilanzen die Veränderungen der einzelnen Bilanzpositionen während der zweiten Periode. Die Veränderungen wurden erstmals als Mittelherkunft oder Auswirkung der Mittelverwendung gedeutet[18] und zu Bewegungsbilanzen zusammengestellt[19]. Die amerikanische Entwicklung wurde zwar 1927 von Schmalz ausführlich und sachkundig geschildert[20], die deutsche Lehre führt die Kapitalflußrechnung jedoch auf einen im Jahre 1926 erschienenen Aufsatz von Bauer zurück[21].

Nach dem 2. Weltkrieg förderte die Geldknappheit der Zeit des Wiederaufbaus das finanzkritische Bewußtsein. Seit den 50er Jahren richtet die betriebswirtschaftliche Forschung daher ihr Augenmerk auf die finanzwirtschaftliche Bedeutung der Bewegungsbilanz[22]. Das Konzept der Ausgliederung eines

---

[13] § 140 Abs. 3 AktG 1931.

[14] Vgl. unten III. 3. b).

[15] Anlage 1 zu 1. DVO vom 15. 12. 1931 zur AktienrechtsVO, RGBl. 1931, S. 761; die Ländervereinbarung ist in Berlin bis heute in Kraft. Zur Entwicklung der Organisation der Wirtschaftsprüfer: Koch, Der Beruf des Wirtschaftsprüfers, 1957, S. 67ff.

[16] Gesetz zur Rechnungslegung von bestimmten Unternehmen und Konzernen vom 15. 8. 1969, BGBl. I S. 1189.

[17] Käfer, Kapitalflußrechnungen, S. 18f mit Hinweis auf Friedrich Leitners „Bilanztechnik und Bilanzkritik", 6./7. Auflage 1923, S. 196 - 202 und 207f.

[18] le Coutre in HWB Bd. 1, 3. Aufl., Stuttgart 1956, Sp. 1164.

[19] Vgl. oben S. 16f.

[20] Schmalz, Kurt, „Bilanz- und Betriebsanalyse in Amerika im Hinblick auf ihre Verwertbarkeit für die deutsche Wirtschaft", 1927, zitiert bei Käfer, HWR 1970, Sp. 803.

[21] Bauer, Walter, Die Bewegungsbilanz und ihre Anwendbarkeit, insbesondere als Konzernbilanz, ZfbF 1926, S. 485 - 544; siehe auch Käfer, aaO, S. 19.

Finanzfonds fand in Deutschland jedoch nur wenig Zustimmung, ganz überwiegend forderte man die umfassende Darstellung der Bewegungen aller Mittel[23]. In aktienrechtlichen Kommentaren wird die Kapitalflußrechnung erstmals um 1970 als mögliche ergänzende Rechnung zum Ausgleich der Schwächen der aktienrechtlichen Rechnungslegung erwähnt[24].

Es kann angenommen werden, daß die Kapitalflußrechnung seit den 50er Jahren in gut organisierten Unternehmen als ein internes Kontroll- und Steuerungsinstrument eingesetzt wird[25]. Eine Veröffentlichung der Kapitalflußrechnung im Rahmen des Jahresabschlusses (auf freiwilliger Basis) breitete sich jedoch erst seit den 60-er Jahren und nur sehr zögernd aus[26]. Untersuchungen belegen, daß diese Übung bis heute weitgehend auf börsennotierte Aktiengesellschaften beschränkt ist[27]. 1964 veröffentlichten 30 % der Aktiengesellschaften mit einem Grundkapital von mindestens 100 Millionen DM eine Bewegungsbilanz oder eine ähnliche Rechnung über ihre finanzielle Entwicklung. Bei den an der Börse notierten Unternehmen betrug der Anteil im gleichen Jahr 36 %[28], bis 1975 erhöhte er sich auf 51 %[29]. Börsennotierte Industrieunternehmen mit einem Außenumsatz von über 1 Mrd. DM erreichten 1977 eine Quote von 70 %, Publikumsgesellschaften mit mehr als 10 Mrd. DM Konzernumsatz publizierten ohne Ausnahme eine Kapitalflußrechnung. Unter den nicht börsennotierten Aktiengesellschaften betrug der Anteil 1977 hingegen nur 43 %[30].

Die in der Praxis anzutreffenden Kapitalflußrechnungen sind in Bezeichnung[31] und Erscheinungsform vielfältig. Meist handelt es sich jedoch um Bewegungsbilanzen oder umfassende Kapitalflußrechnungen ohne die Ausgliederung eines Fonds[32]. Sämtliche Kapitalflußrechnungen wurden ersichtlich

---

22 Exemplarisch: E. Walb, Finanzwirtschaftliche Bilanz, 2. Auflage 1948; Verhülsdonk, DB 1952, S. 21ff; Flohr, WPg 1964, S. 313ff, 318f; Gehrke, DB 1954, S. 373ff m.w.N.; Dinkel, Die Unternehmung 1973, S. 213ff.

23 Gerstner, Bilanzanalyse, 11. Aufl. 1944, S. 106; Dinkel, Die Unternehmung 1974, S. 13.

24 Kropff in Geßler, Kommentar zum AktG, 1973, Vorb. Rdn. 14.

25 Käfer, Kapitalflußrechnungen, S. 21; Peupelmann, DB 1971, S. 62; Neubert, WPg 1952, S. 422ff; Busse v. Colbe in HWR, Sp. 901 zum Stichwort „Kapital- und Finanzflußrechnung".

26 Flohr, WPg 1964, S. 314.

27 Busse von Colbe, ZfB 1966 Ergänzungsheft 1, S. 83.

28 Busse von Colbe, aaO, S. 83.

29 Busse von Colbe in HWR, Sp. 900; vgl. auch die Angaben bei v. Wysocki, WPg 1971, S. 617; zur Verbreitung 1970 - 1975 siehe Coenenberg / Schmidt, ZfB 1978, S. 512.

30 Busse von Colbe in HWR, Sp. 899ff mit einer instruktiven Übersicht.

31 Busse von Colbe in HWR, Sp. 892; Stroebel in HWB, Sp. 2119; Coenenberg / Schmidt, aaO, S. 512.

32 Busse von Colbe, aaO. Sp. 901; ders. ZfB 1966 Ergänzungsheft 1 S. 86; Coenenberg / Schmidt, aaO, S. 512; Käfer, Kapitalflußrechnung, S. 23 Anm. 9.

auf indirektem Wege aus den Daten des Jahresabschlusses abgeleitet[33]; sie wurden als Teil der Geschäfts- oder Prüfungsberichte veröffentlicht[34].

Eine rechtliche Erwähnung oder gar Regelung erfuhr die Kapitalflußrechnung bis zum Wirksamwerden der Harmonisierungsbestrebungen der Europäischen Gemeinschaft nicht[35].

II. EG-Rechtliche Vorgaben

1. Das Recht der Europäischen Gemeinschaft

Die Bundesrepublik Deutschland ist Gründungsmitglied der Europäischen Gemeinschaft (EG). Mit der Beitrittserklärung[36] hat der Gesetzgeber gemäß der Legitimation des Art. 24 Abs. 1 GG begrenzte Kompetenzen unmittelbar auf die EG übertragen[37]. Die Entscheidungen der zuständigen Gremien der EG wirken in der Bundesrepublik grundsätzlich unmittelbar und gehen im Kollisionsfalle innerstaatlichem Recht vor[38].

a) Der EWG-Vertrag

Der EWG-Vertrag (EWG-V) vom 25. März 1957 ist die „Verfassung der Gemeinschaft“[39]. Er erstrebt die Integration der Mitgliedsstaaten durch eine Angleichung der einzelstaatlichen Rechtsvorschriften. Die Harmonisierung soll die rechtlichen Anforderungen transparenter machen, die Wettbewerbsbedingungen vereinheitlichen und das Überschreiten der innergemeinschaftlichen Grenzen erleichtern. Der dem Rat der Europäischen Gemeinschaft vor-

---

33 Vgl z. B. Tubbesing, der als selbstverständlich voraussetzt, daß die veröffentlichten Kapitalflußrechnungen auf den Zahlen des Jahresabschlusses aufbauen und diese lediglich in einer anderen Gruppierung präsentieren, ZfB 1978, S. 530.

34 Hauptfachausschuß des Instituts der Wirtschaftsprüfer im Entwurf einer Verlautbarung zur Kapitalflußrechnung, WPg 1976, S. 56; Flohr, aaO, S. 313; für den Prüfungsbericht siehe unten III. 4. c).

35 Eine mittelbare gesetzliche Erwähnung fand die Kapitalflußrechnung allerdings in dem Gesetz über die Grundsätze des Haushaltsrechts des Bundes und der Länder vom 19. 8. 1969, BGBl. III, S. 63 - 14: Das Haushaltsgrundsätzegesetz erlaubt es den an privaten Unternehmen mehrheitlich beteiligten Gebietskörperschaften von den Abschlußprüfern auch einen „Bericht über die Entwicklung der Vermögens- und Ertragslage sowie die Liquidität“ zu fordern, § 53 Abs. 1 Nr. 2 HGrG; der Bericht ist in Form einer Kapitalflußrechnung zu erstellen, Morell, Der Bundeshaushalt, § 68 BHO, Anm. II 1; siehe auch Tubbesing, ZfB 1978, S. 534.

36 Gem. Bekanntmachung vom 27. 12. 1957, BGBl. 1958 II, S. 1 ist der Vertrag am 01. 01. 1958 in Kraft getreten.

37 Rojahn in von Münch (Hrsg.), Grundgesetz Kommentar, Art. 24, Rdn. 24ff.

38 Rojahn, aaO, Rdn. 41ff.

39 Schmidt-Bleibtreu / Klein, Kommentar zum Grundgesetz, 6. Aufl. 1983, Art. 24, S. 463.

gegebene Programmkatalog des Artikel 54 EWG-Vertrag enthält auch den Auftrag, die Bestimmungen der Mitgliedsstaaten zum Recht der Gesellschaften des bürgerlichen und des Handelsrechts sowie der ertragsorientierten juristischen Personen zu koordinieren[40].

b) Die Richtlinie

Die Harmonisierung verlangt keine Rechtsvereinheitlichung durch inhaltsidentische Regelungen, sie begnügt sich mit einer Angleichung des Rechts[41]. Hierzu bedient sich der europäische Normengeber der „Richtlinie", die als Akt der internationalen Rechtsetzung eine eigentümliche Struktur aufweist[42]:

Die Richtlinie wird vom Ministerrat der Europäischen Gemeinschaft erlassen. Sie schafft formelles und materielles Recht, das sich aber nicht an die „EG-Bürger" unmittelbar richtet. Adressaten sind die Mitgliedsstaaten, die verpflichtet werden, die Mindeststandards des europäischen Richtliniengebers in ihr innerstaatliches Recht zu übernehmen, also materiell europäisches aber formell nationales Recht zu schaffen[43]. Für den nationalen Gesetzgeber sind die Richtlinien nur hinsichtlich des vorgegebenen Zieles verbindlich, in der Wahl der Form und der Mittel bleibt er hingegen frei, Art. 189 Abs. 3 EWG-V[44]. Es ist allerdings anerkannt, daß die Richtlinie das zu erreichende Angleichungsziel bis in die Einzelheiten normativ fixieren kann, so daß sich die nationale Umsetzung in der bloßen Rezeption der Richtlinie erschöpft[45]. In allen anderen Fällen ermöglicht die Zweistufigkeit des Rechtssetzungsverfahrens eine flexible Anpassung an die verschiedenen Rechtsordnungen, da sie dem nationalen Gesetzgeber grundsätzlich seine Kompetenz beläßt[46].

Wird eine Richtlinie ordnungsgemäß durchgeführt, wirkt sie gegenüber dem einzelnen Bürger nur über die von dem jeweiligen Mitgliedsstaat ergriffenen Durchführungsmaßnahmen[47]. Das nationale Recht ist EG-rechtskonform[48] im Sinne der Richtlinie auszulegen[49].

---

[40] Art. 54 Abs. 3 g) i.V.m. Art. 58 EWG-V; vgl. auch Groeben, Boecki, Thiesing, Kommentar zum EWG-Vertrag, Art. 54 Anm. II 3b.

[41] Klage, Die Richtlinie der EG über den Börsenzulassungsprospekt, S. 25.

[42] Weber, Die Richtlinie im EWG-Vertrag, S. 85; Lutter, „Rechtliches Gewicht und rechtspolitische Bedeutung der 4. Richtlinie", ZGR Sonderheft 1, 2. Aufl. S. 3ff.

[43] Lutter, aaO; Ipsen, Europäisches Gemeinschaftsrecht, S. 695; Constantinesco, Das Recht der Europäischen Gemeinschaften I, 1. Aufl., S. 550ff.

[44] Ipsen, aaO, S. 695.

[45] Ipsen, aaO, S. 696 m.w.N.; Bleckmann in HURB, S. 12.

[46] Ipsen, aaO, S. 455.

[47] EuGH vom 19. 01. 1981, Slg. 1981, S. 53; einen Überblick über den Meinungsstand vermittelt Bleckmann in HRUB, S. 15ff zum Stichwort „ Die Richtlinie".

[48] Bleckmann, Zu den Auslegungsmethoden des Europäischen Gerichtshofs, NJW 1982, S. 1177, 1179.

[49] Tipke in HURB, S. 9 zum Stichwort „Auslegung".

2. Die Regelungen der Bilanzrichtlinie

Im Jahre 1965 wurde in Paris die Groupe d'Etudes des Experts Comptables de la C.E.E. gebildet, um einheitliche Anforderungen an eine ordnungsgemäße Rechnungslegung innerhalb der Europäischen Gemeinschaften festzulegen[50]. Vorschläge für eine Richtlinie über den Jahresabschluß der Gesellschaften unterbreitete die EG-Kommission dem Rat der Europäischen Gemeinschaften im November 1971 und Anfang 1974[51]. Nach langen Beratungen beschloß der Rat am 25. Juli 1978 die Vierte Richtlinie über den Jahresabschluß der Gesellschaften[52]. Die Jahresabschlußrichtlinie (eingebürgert hat sich das Stichwort „Bilanzrichtlinie")[53] gibt den Mitgliedsstaaten den Rahmen für eine Regelung des Jahresabschlusses und seiner Publizität vor[54]. Hinsichtlich der Form der Offenlegung nimmt die 4. Richtlinie auf die 1. EG-Richtlinie Bezug[55].

Die 4. EG-Richtlinie regelt die Kapitalflußrechnung nicht ausdrücklich[56]. Von besonderem Interesse ist daher die Generalnorm, Art. 2 Abs. 3:

> „Der Jahresabschluß hat ein den tatsächlichen Verhältnissen entsprechendes Bild der Vermögens-, Finanz- und Ertragslage der Gesellschaft zu vermitteln".

Das Postulat des „den tatsächlichen Verhältnissen entsprechenden Bildes" hat seinen Ursprung in dem traditionsreichen angelsächsischen Rechnungslegungsgrundsatz des „true and fair view". In der britischen „Companies Act"[57] ist er die zentrale Zielbestimmung der Rechnungslegung. Die 4. EG-Richtlinie hat die Zielvorgabe des „getreuen Einblicks" aus dem britischen Recht übernommen, weil er von allen Gesetzen der Mitgliedsstaaten die strengsten Anforderungen stellte und der Eindruck einer Liberalisierung vermieden werden sollte.

Die Entstehungsgeschichte der Richtlinie[58] weist der Generalnorm eine erstrangige Bedeutung zu[59]. Mit ihr wollte die Kommission festlegen, daß der

---

[50] Kalinski, aaO, S. 146.

[51] Lutter, aaO, S. 33. Die Beratungen der 4. EG-Richtlinie von dem Vorentwurf vom 9. März 1968 bis zur endgültigen Fassung vom 25. Juli 1978 schildert Kalinski, aaO, S. 17ff; siehe auch die Synopsis bei Schruff (1978), S. III/2.

[52] 78/660/EWG, ABlEG. Nr. 22 vom 14. 8. 1978, S. 11.

[53] Lutter, aaO, S. 33.

[54] Lutter, aaO, S. 4.

[55] Art. 47 Abs. der 4. Richtlinie i.V.m. Art. 3 der 1. Richtlinie vom 14. 03. 1968, ABlEG. Nr. 1 65 A. 8,.

[56] Der Entwurf eines Status für die europäische Aktiengesellschaft sieht in Art. 148 eine Kapitalflußrechnung zwingend vor, Bulletin der europäischen Gemeinschaften Beilage 4/75, abgedruckt bei Lutter, aaO, S. 363ff.

[57] Section 149 der britischen Company's Act von 1948.

[58] Zum Wandel der Formulierung seit dem Vorentwurf vom 9. 3. 1968 vgl. Kalinski, S. 17ff.

Jahresabschluß alle wesentlichen, für die Benutzer bedeutenden Informationen in angemessener Form offenlegen muß, selbst wenn sie in der Richtlinie nicht ausdrücklich verlangt werden[60]. Art. 2 Abs. 5 der 4. EG-Richtlinie unterstreicht diesen Grundsatz, indem er der Zielbestimmung als „overriding principle" Vorrang gegenüber den Spezialvorschriften einräumt und damit eine – dem deutschen Recht fremde – Ausnahme von dem allgemeinen juristischen Grundsatz der Spezialität einführt. Im gleichen Sinne bestimmt Art. 2 Abs. 4:

„Reicht die Anwendung dieser Richtlinie nicht aus, um ein den tatsächlichen Verhältnissen entsprechendes Bild im Sinne des Absatzes 3 zu vermitteln, so sind zusätzliche Angaben zu machen."

Die Erklärungen für das Ratsprotokoll zur Vierten Richtlinie[61] schränken die Reichweite dieser Bestimmung allerdings mit der Feststellung ein, „daß es normalerweise ausreicht, die Richtlinie anzuwenden, damit das gewünschte den tatsächlichen Verhältnissen entsprechende Bild entsteht"[62].

Eine Mehrheit für eine Verpflichtung der nationalen Gesetzgeber zur Einführung einer Kapitalflußrechnung fand sich im Rat nicht. Zu der offenen Formulierung in Art. 2 Abs. 6

„Die Mitgliedsstaaten können gestatten oder vorschreiben, daß in dem Jahresabschluß neben den Angaben, die aufgrund dieser Richtlinie erforderlich sind, weitere Angaben gemacht werden."

stellt die Erklärung für das Ratsprotokoll fest,

„daß die Mitgliedsstaaten aufgrund dieser Bestimmung ermächtigt sind, in ihrer Gesetzgebung insbesondere zu verlangen, daß eine Kapitalflußrechnung erstellt und zusammen mit dem Jahresabschluß offengelegt wird"[63].

Die bloße Erwähnung außerhalb des offiziellen Richtlinientextes läßt offen, ob die Kapitalflußrechnung tatsächlich das von der 4. EG-Richtlinie vorgesehene Instrument zur Darstellung der Finanzlage ist[64]. Der geänderte Verordnungsvorschlag des Rates der Europäischen Gemeinschaft über das Statut für eine „Europäische Aktiengesellschaft"[65] sieht ausdrücklich einen um die Kapitalflußrechnung erweiterten Jahresabschluß vor, Art. 148 Abs. 1[66].

---

59 Kommission der EG 1974, S. 213, zitiert bei Baetge / Commandeur in Küting / Weber § 264 Rdn. 29.

60 Groupe d'Etudes des Experts Comptables de la Communaute Economique Europeenne 1975, S. III/17, zitiert bei Baetge / Commandeur, aaO, § 264 Rdn. 29.

61 Protokollerklärungen sind im EWG-Vertrag nicht vorgesehen, so daß sie keine Gesetzeskraft haben. Sie legen aber die Kommission und die Mitgliedsstaaten bei der Auslegung der Richtlinienvorschriften fest, Biener / Berneke, Bilanzrichtliniengesetz, S. 132.

62 Erklärung 2. zu Artikel 2 Absatz 4, abgedruckt z.B. bei Adler / Düring / Schmaltz, Rechnungslegung und Prüfung der Unternehmen, 5. Aufl., Teil A, S. 357.

63 Erklärung 3. zu Artikel 2 Abs. 6,.

64 Dies folgert Kalinski, aaO, S. 32.

3. Die Diskussion um die Kapitalflußrechnung

Die Entscheidung über eine Einführung der Kapitalflußrechnung als Bestandteil des Jahresabschlusses lag damit bei den einzelnen EG-Staaten und in der Bundesrepublik beim Deutschen Bundestag[67].

a) Literatur

Die Situation einer bevorstehenden, aber noch offenen Entscheidung des Gesetzgebers entfachte in den Jahren 1978 bis 1985 eine breite Diskussion um Kapitalfluß- und Finanzierungsrechnungen. In einer Flut von Beiträgen und Stellungnahmen bereitete die wirtschaftswissenschaftliche Literatur ihre Erkenntnisse zur Kapitalflußrechnung neu auf und erörterte die Konsequenzen der Richtlinie für eine Neuregelung des Jahresabschlusses. Die Untersuchungen schlossen überwiegend mit der Empfehlung an den Gesetzgeber, eine Kapitalflußrechnung für Kapitalgesellschaften zwingend vorzuschreiben[68]. Nur wenige Autoren äußerten sich in der Beurteilung des Nutzens und Aussagewertes der Kapitalflußrechnung zweifelnd oder ablehnend[69]. Praktische Erwägungen und Bedenken fanden in der Literatur zunächst kein hinreichendes Echo[70].

b) Kommissionen und Verbände

Auch die Kommissionen und Verbände, die mit Stellungnahmen hervortraten, empfahlen dem Gesetzgeber die Kapitalflußrechnung als Bestandteil des Jahresabschlusses[71]. Von den zahlreichen Veröffentlichungen verdienen zwei eine besondere Erwähnung:

---

[65] Bulletin der EG, Sonderbeilage 4/1975.

[66] Vgl. auch die Erläuterungen zu Art. 148, a.a.O., S. 177; ausführlich Kalinski, aaO, S. 38f.

[67] Die Gesetzgebungszuständigkeit zur Regelung des Gesellschaftsrechts wie auch des Börsenrechts liegt im Rahmen der konkurrierenden Gesetzgebung zur Wahrung der Rechts- und Wirtschaftseinheit beim Bund, Art. 72 Abs. 2 Z. 3 GG.

[68] Jonas, DB 1978, S. 1458.

[69] Z.B. Weber, DB 1979, S. 61 Z. 15; Forster, ZGR Ergänzungsheft 2, S. 62; skeptisch auch die satirische Stellungnahme von Hakelmacher, Vom simplen Jahresabschluß zur anspruchsvollen Kapitalflußrechnung, WPg 1982, S. 79ff.

[70] Den Kostenaspekt betonte Weber, DB 1979, S. 614.

[71] Siehe z.B. Arbeitskreis „Rechnungslegungsvorschriften der EG-Kommission" der Gesellschaft für Finanzwirtschaft in der Unternehmensführung e.V. (GEFIU), DB 1978, S. 1465 mit einer vorsichtigen Empfehlung; siehe hierzu auch die DB-Beilagen 12/1978 sowie 3/79. Aus gewerkschaftlicher Sicht: Scheibe-Lange, WPg 1983, S. 78f in Übereinstimmung mit der Forderung des Internationalen Bund Freier Gewerkschaften 1977, S. 18ff, zitiert bei Kalinski, aaO, S. 136.

(1) Das Institut der Wirtschaftsprüfer hat durch seinen Hauptfachausschuß 1978 die Stellungnahme „Die Kapitalflußrechnung als Ergänzung des Jahresabschlusses" abgegeben[72]. Hinsichtlich der Gestaltung der Kapitalflußrechnung lehnt sich der Hauptfachausschuß eng an die APB Opinion No. 19 an[73]. Er empfiehlt die Ausgrenzung eines Fonds auf Netto-Basis und stellt zur Auswahl[74]

- die netto verfügbaren flüssigen Mittel,
- das Netto-Geldvermögen und
- das Netto-Umlaufvermögen.

Auch für die Gliederung der Kapitalflußrechnung gibt der Hauptfachausschuß lediglich Anhaltspunkte: Das finanzwirtschaftliche Ergebnis aus laufender Geschäftstätigkeit soll getrennt von den fondswirksamen Vorgängen im Investitions- und Finanzierungsbereich gezeigt werden. Die direkte und die indirekte Ermittlung der Ursachen der Fondsänderung werden alternativ und gleichwertig nebeneinander gestellt[75]. Inhaltlich ist das der Stellungnahme angefügte Mustergliederungsschema eine von der Konto- in die Staffelform umgeordnete Bewegungsbilanz[76]. Die Rechnung ist zweiteilig aus Fondsstromrechnung und Finanzmittelnachweis aufgebaut. Zur Verbesserung der Aussagekraft sollen umfangreiche Erhöhungen oder Verminderungen des Finanzmittelfonds gesondert ausgewiesen werden[77].

Anders als die APB-Opinions No. 3 und 19 sowie das FASB-Statement No. 95 enthält die Stellungnahme des HFA 1/1978 für die prüfenden Berufe inhaltlich keine Empfehlung zur Veröffentlichung einer Kapitalflußrechnung[78]. Die Stellungnahme verfolgt lediglich das Ziel, die freiwillig veröffentlichten Kapitalflußrechnungen in Form und Inhalt zu vereinheitlichen; nur insoweit ist sie von den Abschlußprüfern zu beachten[79]. Ob die Betonung der grundsätzlichen Bedeutung einer Finanzierungsrechnung in den Vorbemerkungen der Stellungnahme den Schluß zuläßt, nach Auffassung des HFA solle eine Kapitalflußrechnung obligatorisch werden[80], ist zweifelhaft. Der HFA

[72] Stellungnahme des Hauptfachausschusses 1/1978, abgedruckt z.B. in WPg 1978, S. 207f und Institut der Wirtschaftsprüfer, Fachgutachten und Stellungnahmen, Düsseldorf.

[73] So für den Entwurf der Stellungnahme HFA 1/1978 Jonas, DB 1976, S. 2363.

[74] HFA 1/1978 Ziffer II. 1.; Kritik an den Bezeichnungen und Fondsinhalten übt Weber, DB 1979, S. 609 - 611.

[75] HFA 1/1978 Ziffer III. 1.

[76] Chmielewicz / Caspari, aaO, S. 160f.

[77] HFA 1/1978, Ziffer III. 2.

[78] Der Entwurf der Verlautbarung bezeichnete die Kapitalflußrechnung noch als „sinnvolle Ergänzung" zum Jahresabschluß, WPg 1976, S. 57, die Schlußfassung verzichtete jedoch auf dieses ausdrückliche Werturteil.

[79] Tubbesing, ZfB 1978, S. 529.

[80] So Tubbesing, AG 1979, S. 92f; Ludewig, AG 1987, S. 13.

hat diese Konsequenz nicht ausgesprochen und nach der Ansicht des Instituts der Wirtschaftsprüfer soll es den Unternehmen überlassen bleiben, ob in Ausnahmefällen zusätzliche Angaben zur Darstellung der Finanzlage in den Anhang aufgenommen werden[81].

(2) Nahezu zeitgleich mit der Stellungnahme des HFA veröffentlichte die Kommission Rechnungswesen im Verband der Hochschullehrer für Betriebswirtschaft e.V. ihre Vorschläge zur Transformation der 4. Richtlinie[82]. Die Kommission forderte für alle Kapitalgesellschaften die obligatorische Erweiterung des Jahresabschlusses um eine Kapitalflußrechnung als Finanzierungsrechnung. Inhaltlich liegen die Vorschläge weitgehend parallel zu der Stellungnahme HFA 1/1978: Die Hochschullehrer wählten als Fondsinhalte ebenfalls die Alternativen „flüssige Mittel", „Nettogeldvermögen" und „Netto-Umlaufvermögen", auch sie empfahlen die Darstellung durch Finanzmittelnachweis und Fondsstromrechnung und ließen die Wahl zwischen direkter und indirekter Berechnungsmethode offen.

c) Ermutigung der Praxis

Soweit die Vorschläge des HFA und des Verbandes der Hochschullehrer übereinstimmen, lassen sich diese wohl als herrschende Meinung im Jahre 1978 feststellen. Beide Publikationen sind in der Sache jedoch recht unspezifiziert; sie geben keine klaren Regeln für die Aufstellung einer Kapitalflußrechnung[83], sondern lassen der weiteren Entwicklung große Spielräume.

Wichtige Wirkungen entfalteten die Stellungnahmen und Empfehlungen als Ermutigung der Praxis, im Rahmen des Jahresabschlusses freiwillig eine Kapitalflußrechnung zu veröffentlichen[84]. Mit ihrem beschränkten Regelungsgehalt konnte die Stellungnahme des HFA 1/1978 allerdings keine der APB-Opinion No 3 vergleichbare Wegbereiterfunktion erfüllen. Insbesondere ist es ihr nicht gelungen, die heterogenen Praxis der deutschen Unternehmen zu vereinheitlichen[85].

[81] Stellungnahme des IdW zur Transformation der 4. EG-Richtlinie ins nationale Recht, WPg 1979, S. 170f.

[82] DBW 1979, S. 30ff.

[83] Kritik hieran üben Coenenberg / Schmidt, ZfB 1978, S. 514.

[84] In diesem Sinne auch Coenenberg / Schmidt, aaO, S. 513.

[85] Gebhardt, WPg 1984, S. 481.

III. Das HGB seit dem Bilanzrichtliniengesetz

Nach langen Beratungen des eigens gebildeten „Unterausschuß – Bilanzrichtliniengesetz" des Rechtsausschusses und ausgiebiger Diskussion zweier Gesetzesentwürfe[86] hat der Deutsche Bundestag am 19. Dezember 1985 das sogen. Bilanzrichtliniengesetz (BiRiLiG) verabschiedet[87]. Neben der Vierten Gesellschaftsrechtlichen Richtlinie setzt das BiRiLiG die 7. (Konzern-) Richtlinie und die 8. (Prüfer-) Richtlinie in nationales deutsches Recht um. Die tiefgreifenste Neuregelung betrifft die Vorschriften zu den Handelsbüchern, die für alle Kaufleute in das Dritten Buch des Handelsgesetzbuches eingefügt wurden. Als vor die Klammer gezogener „Allgemeiner Teil" gelten diese Vorschriften immer, wenn spezielle Unternehmens- und Gesellschaftsgesetze keine Sonderregelungen enthalten.

1. Die Rechnungslegungsvorschriften des HGB

Für „alle Kaufleute" begründen die §§ 238 - 263 keine neuen Pflichten[88]. Die ergänzend zu § 39 Abs. 2 HGB a. F. in den § 242 Abs. 2 ausdrücklich aufgenommene Pflicht zur Aufstellung einer Gewinn- und Verlustrechnung ergab sich bereits seit langem aus den Grundsätzen ordnungsmäßiger Buchführung. Ergänzende Vorschriften zur Rechnungslegung der Kapitalgesellschaften enthalten die §§ 264 ff. Dieser „besondere Teil" gilt gleichermaßen für Aktiengesellschaften, Kommanditgesellschaften auf Aktien und Gesellschaften mit beschränkter Haftung. Mit ihm wurde die Freiheit des Unternehmers, durch die Wahl zwischen den Rechtsformen GmbH und AG seine Publizität unterschiedlich zu gestalten, dem Interesse an der europäischen Vergleichbarkeit geopfert[89]. Eine Abstufung der Anforderungen an den Umfang der Rechnungslegung und Publizität folgt nach den neuen, für alle Kapitalgesellschaften einheitlichen Regeln allein aus der Einordnung in eine der drei Größenklassen des § 267. Berücksichtigt man die den „kleinen" und „mittleren" Kapitalgesellschaften eingeräumten Erleichterungen, gelten allerdings nur für „große" Gesellschaften dem bisherigen Aktienrecht vergleichbar strenge Erfordernisse.

Die Bestimmungen zur Bilanz, § 266 f, und zur Gewinn- und Verlustrechnung, §§ 275 u. 277, orientieren sich weitgehend an den Gliederungsvorschrif-

---

[86] Regierungsentwürfe aus den Jahren 1983, BT-Drucks. 9/1878 und 1985, BT-Drucks. 10/317; siehe die Auswahl aus den Gesetzesmaterialien bei Helmrich, Bilanzrichtliniengesetz, Texte, Stellungnahmen, Protokolle.

[87] Gesetz zur Durchführung der Vierten, Siebenten und Achten Richtlinie der Europäischen Gemeinschaften zur Koordinierung des Gesellschaftsrechts, BGBl. 1985 I, S. 2355.

[88] Rückle in HURB, S. 173 zum Stichwort „Finanzlage".

[89] Hopt, Die Publizität von Kapitalgesellschaften, ZGR 1980, S. 247.

ten des Aktiengesetzes 1965. Zu dem Jahresabschluß einer Kapitalgesellschaft gehört nach der Neuregelung ein Anhang, §§ 284, 285, der zusammen mit dem ergänzenden Lagebericht, § 289, den alten aktienrechtlichen Geschäftsbericht ablöst. Der Jahresabschluß der Kapitalgesellschaften folgt keiner bestimmten Bilanzauffassung. Wie schon das bisherige Bilanzrecht enthält er Komponenten sowohl der statischen als auch der dynamischen Bilanztheorien[90]. Die Gläubigerschutzfunktion ist dominierend geblieben, allerdings wurde das Gewicht der Informations- und Rechenschaftspflichten durch die zentrale Vorschrift des § 264 Abs. 2 stärker betont. Als Adressaten des Jahresabschlusses sind in erster Linie die Gesellschafter und Gläubiger anzusehen, daneben aber auch der Staat (insbesondere die Finanzverwaltung), die Arbeitnehmer, Geschäftspartner sowie die interessierte Öffentlichkeit[91].

Der Gesetzgeber ist den euphorischen Empfehlungen der Literatur nicht gefolgt und hat die Wahlmöglichkeit der 4. EG-Richtlinie nicht zu einer Option für die Kapitalflußrechnung genutzt. Um eine unangemessene Belastung der mittelständischen Wirtschaft zu vermeiden[92], beschränkte sich die Bundesrepublik bei der Transformation auf eine „Minimalerfüllung" der Richtlinienanforderungen[93]. Eine Verpflichtung zur Aufstellung einer Kapitalflußrechnung könnte daher allein aus der Zielbestimmung des § 264 Abs. 2 folgen. Diese Vorschrift hat Art. 2 Abs. 2 der 4. EG-Richtlinie nahezu wortgleich übernommen[94].

---

[90] Budde / Karig in Beck'scher Bilanzkommentar, § 264 Rdn. 35.

[91] Budde / Karig, aaO, § 264 Rdn. 35; zu den Adressaten des Jahresabschlusses vgl. auch Volk, BB 1987, S. 723.

[92] Begründung zum Entwurf HGB, BT-Drucks. 10/317, S. 67f; zur Diskussion vgl. den Bericht über die Verhandlungen der Unternehmensrechtskommission, S. 967 Z. 1930. Ein markanter Meinungswechsel fand bei den Spitzenverbänden der Deutschen Wirtschaft statt, die ihrer Empfehlung für die Kapitalflußrechnung, DB 1979, S. 1093, 1984, in ihrer Stellungnahme zum Regierungsentwurf nicht wiederholten, sondern nunmehr ersichtlich eine möglichst kostengünstige Regelung anstrebten, DB Beilage 7/84, S. 4.

[93] Vgl. die Übersicht bei Küting / Weber, aaO, I Rdn. 24. Selbst in Großbritannien wurde die Kapitalflußrechnung, obwohl sie schon seit 1975 als GoB anerkannt war, nicht in das Transformationsgesetz übernommen, Niehus, AG 1983, S. 235, siehe auch unten b) (1) (a). Unabhängig von der Bilanzrichtlinie hat Frankreich seinen verbindlichen Kontenrahmen (Plan Comptable 1979) auf eine Finanzrechnung abgestimmt, die Kapitalflußrechnung aber bislang nicht als integralen Bestandteil der Rechnungslegung verpflichtend eingeführt: Niehus, ZGR 1985, S. 545; Blättchen / Kienast, WPg 1984, S. 97, 103f.

[94] Zusätzlich eingefügt wurden lediglich die Worte „unter Beachtung der Grundsätz ordnungsmäßiger Buchführung".

2. Die Lagemerkmale des § 264 Abs. 2 S. 1

Der Jahresabschluß der Kapitalgesellschaften muß ein Bild nicht nur von der Vermögens- und Ertragslage, sondern nunmehr ausdrücklich auch von der Finanzlage vermitteln, § 264 Abs. 2 S. 1. Als gesetzliche Zielbestimmung definieren die Lagemerkmale den Kern der rechtlichen Anforderungen an Inhalt und Aussage des Jahresabschlusses. Die Trias der Lagemerkmale liegt damit an der Schnittstelle von Handels- und Bilanzrecht auf der rechtswissenschaftlichen sowie Buchhaltungs- und Bilanzlehre auf der betriebswirtschaftlichen Seite. Die drei Lagemerkmale sind grundsätzlich gleichrangig[95]. Ihre Anforderungen lassen sich jedoch weder unabhängig voneinander definieren[96], noch kann den einzelnen Merkmalen mit ausschließender Wirkung ein bestimmter Teil des Jahresabschlusses zugerechnet werden.

a) Die Vermögenslage

Eine Darstellung der Vermögenslage soll darüber informieren, wie „reich“ oder „arm“ das Unternehmen ist, d.h. wie groß der Saldo zwischen den ihm gehörenden Aktivwerten und seinen Verbindlichkeiten im weitesten Sinne ist. Der Einblick in die Vermögenslage verlangt, daß der Vermögens- und Kapitalaufbau in seinen wesentlichen Positionen offengelegt wird[97]. Die richtige Ermittlung der Vermögenslage hängt sowohl von der vollständigen Erfassung aller Vermögensgegenstände, Schulden und Rechnungsabgrenzungsposten des Unternehmens als auch von ihrer zutreffenden Bewertung zu Fortführungswerten[98] ab.

Das zentrale Instrument zur Darstellung der Vermögenslage ist die gem. §§ 242 Abs. 1, 266, 268 HGB aufgestellte Bilanz[99]. Auch dem Anhang kommt bei der Darstellung der Vermögenslage eine wichtige Funktion zu, da er wesentliche Angaben zur Bewertung enthält. Eine weitere wichtige Ergänzung der Bilanz stellt das gem. § 268 Abs. 2 aufzustellende Anlageverzeichnis dar, das auch bei kleinen Kapitalgesellschaften offenzulegen ist, § 326. Es stellt die Entwicklung des Anlagevermögens während des Geschäftsjahres durch „Zugänge, Abgänge, Umbuchungen und Zuschreibungen“ dar. Das Anlageverzeichnis enthält damit für das Anlagevermögen eine (berichts-)zeitraumbezogene Darstellung der Vermögensentwicklung.

---

[95] Budde / Karig, aaO, § 264 Rdn. 38.

[96] Baetge / Commandeur, aaO, § 264 Rdn. 14.

[97] Baetge / Commandeur, aaO, § 264 Rdn. 20 a.E. unter Bezug auf Adler / Düring / Schmaltz, 4. Auflage, S. 13.

[98] Nach dem „going concern-Prinzip“ des § 252 Abs. 1 Nr. 2 ist das „Fortführungsvermögen“ zu bestimmen, Streim in Bonner Handbuch Rechnungslegung, 4 § 264 Rdn. 20.

[99] Zum Ganzen: Budde / Karig, aaO, § 264 Rdn. 37.

b) Die Ertragslage

Eine Darstellung der Ertragslage soll darüber informieren, in welchem Umfang und aus welchen Gründen sich das Vermögen des Unternehmens innerhalb eines bestimmten Zeitraumes verändert hat[100]. Dies erfordert Informationen über den Erfolg des Geschäftsjahres und dessen Zustandekommen, d.h. über die Struktur der Aufwendungen und Erträge[101]. Entsprechend schreiben die Gliederungsschemata des § 275 Abs. 2 und 3 vor, die Umsatzerlöse und Aufwendungen der gewöhnlichen Geschäftstätigkeit getrennt von den außerordentlichen Erträgen und Aufwendungen auszuweisen[102].

In engem Rahmen gibt auch die Bilanz Auskunft über das Ergebnis und damit über die Ertragslage der Kapitalgesellschaft: Zum einen weist sie den Jahresüberschuß (oder -fehlbetrag) der Rechnungsperiode aus, § 266 Abs. 3 lit. A Nr. V. Zum anderen läßt sich aus den Kapital- und Gewinnrücklagen und dem Gewinn- oder Verlustvortrag der Anteil der Vorperioden an dem Periodenergebnis ablesen. Auch der Anhang bietet regelmäßig für die Beurteilung der Ertragslage wichtige Angaben[103].

c) Die Finanzlage

Eine Darstellung der „Finanzlage" wurde von § 149 Abs. 1 S. 2 AktG a.F. nicht ausdrücklich gefordert, man sah in ihr einen Bestandteil der Vermögenslage[104]. Das steigende Interesse der Praxis an Finanzdaten wurde durch den Jahresabschluß nur teilweise befriedigt. Die wirtschaftswissenschaftliche Literatur bemängelte daher bereits seit mehreren Jahren die zu geringe finanzwirtschaftliche Aussagekraft des Jahresabschlusses[105].

Bereits die Aktienrechtsnovelle des Jahres 1965 wollte den Aussagewert des Jahresabschlusses im Hinblick auf die Liquiditätsverhältnisse verbessern[106]. Erst das Bilanzrichtliniengesetz übernahm jedoch die „Finanzlage" als eigenständiges Tatbestandsmerkmal. Die Erweiterung der Generalklausel soll nach Schoppen die unzulängliche Information über die finanzielle Lage beheben[107]. Tatsächlich führte die Aufwertung der Darstellung der Finanzlage im

---

[100] Budde / Karig, aaO, § 264 Rdn. 37.

[101] Baetge / Commandeur, aaO, § 264 Rdn. 17; Moxter, AG 1979, S. 144.

[102] Vgl. oben A I. 2. b).

[103] Coenenberg in HURB S. 161ff zum Stichwort „Ertragslage"; ausführlich zum Anhang Baetge / Commandeur, aaO, § 264 Rdn. 18.

[104] Adler / Düring / Schmaltz, Rechnungslegung und Prüfung der Unternehmen, 4. Auflage, AktG § 149, Rdn. 6 und § 151 Rdn. 30ff; dieselben 5. Auflage § 264 Rdn. 69.

[105] Chmielewicz / Caspari, aaO, S. 156.

[106] Schwark, Anlegerschutz, S. 181; zur Verbesserung des Einblicks in die Vermögenslage durch das Aktiengesetz 1965 Adler / Düring / Schmaltz, 4. Auflage, AktG § 149 Rdn. 6 und § 151 Rdn. 31.

Jahresabschluß durch die Erweiterung der Generalklausel zu einer Wiederbelebung der Diskussion um die Kapitalflußrechnung als Bestandteil der Rechnungslegung[108].

Der Gesetzgeber hat hingegen keine der Finanzlage korrespondierende dritte Jahresrechnung eingeführt. Bei der Feststellung der Anforderungen des neuen Lagemerkmals ist daher besondere Sorgfalt aufzuwenden.

(1) Bedeutung der Finanzlage

Obwohl die finanzielle Entwicklung der Unternehmung in der Jahresabschlußanalyse traditionell eine hervorragende Stelle einnimmt, ist eine systematische Durchdringung des Begriffes „Finanzlage" bislang nicht gelungen. Sammelt man die in der Literatur als wesentlich angesehenen Aspekte, so werden zwei Wurzeln des Interesses an der Finanzlage erkennbar:

Erstens ist das Erfordernis der jederzeitigen Zahlungsfähigkeit des Unternehmens zu nennen. Als Voraussetzung für die Fortführung der Unternehmenstätigkeit entspringt dieses Erfordernis auch betriebswirtschaftlichen Gründen, seine Beachtung ist jedoch vor allem rechtlich sanktioniert: Die Zahlungsunfähigkeit ist Konkursgrund, § 102 KO. Ihr Eintritt verpflichtet den Geschäftsführer der GmbH strafbewehrt, binnen drei Wochen die Eröffnung des Konkurses zu beantragen, § 64 Abs. 1 GmbHG[109]. Die Erhaltung der Zahlungsfähigkeit ist daher eine notwendige Nebenbedingung für den Fortbestand des Unternehmens; sie wird als Kernaufgabe der finanziellen Führung des Unternehmens begriffen[110]. Die Vermeidung der Illiquidität wird in der Literatur häufig als Inhalt des Merkmals der Finanzlage angesehen[111]. Sie ist jedoch nicht das eigentliche Unternehmensziel. Keine Gesellschaft wird gegründet, um liquide zu bleiben[112].

Zweck des unternehmerischen Handelns ist es vielmehr, Zahlungsüberschüsse zu erwirtschaften. Diese zweite Bedeutung der Finanzlage tritt zunehmend ergänzend neben das nach herrschender Unternehmensphilosophie dominierenden Anliegen, einen möglichst hohen Gewinn zu erzielen.

---

107 Schoppen, aaO, S. 14.

108 Niehus, BFuP 1979, S. 32f; Coenenberg / Schmidt, aaO, S. 510; von einer „Renaissance" der Diskussion um eine finanzwirtschaftliche Rechnungslegung spricht Gebhardt, aaO, S. 481ff; siehe auch die Einleitung zum ZfB-Diskussionsforum „Kapitalflußrechnung", ZfB 1978, S. 506.

109 Zur Liquiditätsdarlegung als Rechnunsziel bereits Jacobs / Greif, WPg 1974, S. 21.

110 Hauschildt in HWF, Sp. 1471 zum Stichwort „Finanzorganisation".

111 Exemplarisch Ballwieser, BB 1985, S. 1041, 1043.

112 Chmielewicz, Integierte Finanz- und Erfolgsplanung, S. 46 m.w.N.

(2) Komponenten der Finanzlage

Für die finanzielle Lage eines Unternehmens sind alle Umstände von Bedeutung, die Zeitpunkt und Umfang der (gegenwärtigen und zukünftigen) Zahlungsströme beeinflussen[113]. Folgende Komponenten lassen sich unterscheiden:

(a) Grundlegend für die Finanzlage ist der Vorrat finanzieller Mittel. Ein Unternehmen wird als liquide bezeichnet, wenn es über einen positiven Zahlungsmittelbestand verfügt[114]. In der Bilanz wird der Geldmittelbestand am Abschlußstichtag unter der Position „Schecks, Kassenbestand und Bankguthaben" ausgewiesen, § 266 Abs. 2 B IV. Neben dem aktuellen Bestand an Zahlungsmitteln kann auch die Liquidierbarkeit, d.h. die Rückverwandlung von Vermögensgegenständen in Geld, in den Liquiditätsbegriff einbezogen werden[115].

(b) Als „Goldene Finanzierungsregel" formulierte Töndury-Gsell bereits 1948 folgenden Lehrsatz: „Zwischen der Dauer der Bindung des Vermögensmittels, also der Dauer des einzelnen Kapitalbedürfnisses, und der Dauer, während welcher das zur Deckung des Kapitalbedürfnisses herangezogene Kapital zur Verfügung steht, muß Übereinstimmung herrschen"[116]. Über eine ausgeglichene Finanzierung der Investitionen hinaus ist das finanzielle Gleichgewicht des Unternehmens insgesamt anzustreben: Dieses wird ideal durch eine ständige Harmonie von Einzahlungen und Auszahlungen[117] erreicht[118].

Da die Erlöse überwiegend auch Einzahlungen und die Aufwendungen zugleich Auszahlungen sind, vermittelt die GuV retrospektiv wichtige Anhaltspunkte für die Zahlungsbewegungen[119]. Als Saldo von Erträgen und Aufwendungen erlaubt der Gewinn zudem Schlüsse auf die Fähigkeit zur Erzielung von Zahlungsüberschüssen[120].

(c) Weitere Anhaltspunkte für die Finanzlage ergeben sich aus der Vermögens- und Kapitalstruktur[121]. Als Finanzlage im engeren Sinne beschreibt sie

---

113 Rückle in HURB, S. 175 zum Stichwort „Finanzlage".

114 Küting, DB 1985, S. 1089.

115 Küting, aaO, S. 1089f.

116 Töndury, Gsell, Finanzierungen, Zürich 1948, S. 37.

117 Zur Definition der Begriffe „Einzahlungen" und „Auszahlungen": Wöhe, Einführung in die Allgemeine Betriebswirtschaftslehre, S. 874.

118 Härle in HWF, Sp. 487 zum Stichwort „Finanzierungsregeln"; Dinkel beschreibt diese Zielvorstellung als die „mengen- und zeitmäßige Kongruenz der Zahlungsvorgänge", Die Unternehmung 1973, S. 218f.

119 Coenenberg in HURB, S. 156ff zum Stichwort „Ertragslage".

120 Baetge / Commandeur, aaO, § 264 Rdn. 26; die Interdependenzen zwischen Liquidität und Gewinn betont Chmielewicz, aaO, Sp. 616 zum Stichwort „Finanz- und Erfolgsplanung, integierte"; siehe auch Rückle, aaO, S. 180.

die Beschaffung und Überlassung von Kapital sowie alle sonstigen Kapitaldispositionen. Der Finanzierungsbegriff bezieht sich sowohl auf die Aktiv- wie auch auf die Passivseite der Bilanz[122]. Die Finanzierung des Unternehmens erlaubt Schlüsse auf die zukünftige Entwicklung der Zahlungsfähigkeit. Aus den Pflichtangaben der Bilanz lassen sich u. a. folgende liquiditätsorientierte Kennzahlen herleiten[123]:

- Eigenkapitalquote:
  Verhältnis von Eigenkapital zur Bilanzsumme
- Verschuldungsgrad:
  Verhältnis von Eigen- und Fremdkapital
- Anlagedeckung:
  Verhältnis von Eigenkapital zum Anlagevermögen
- Liquiditätsgrad:
  Verhältnis von Umlaufvermögen (oder Geld und kurzfristigen Forderungen) zu kurzfristigen Verbindlichkeiten

Das Bilanzrichtliniengesetz enthält eine Reihe von Einzelregelungen zur Bilanz, die über die Bestimmungen des Aktiengesetzes 1965 hinausgehen und gewisse Anhaltspunkte für die zukünftige Entwicklung der Liquidität geben: Langfristige Verbindlichkeiten mit einer Restlaufzeit von mehr als einem Jahr und kurzfristige Verbindlichkeiten mit kürzerer Restlaufzeit sind gem. § 268 Abs. 4 und 5 im Rahmen der Bilanz gesondert darzustellen. Im Rahmen des Anhanges sind zusätzlich die Verbindlichkeiten mit einer Restlaufzeit von mehr als fünf Jahren, § 285 Z. 1 lit. a, sowie nach der Gläubigerschutzvorschrift des § 285 Z. 1 lit. b der Gesamtbetrag der dinglich gesicherten Verbindlichkeiten auszuweisen. Die finanziellen Verpflichtungen aus schwebenden Geschäften, die nicht aus der Bilanz ersichtlich sind, sind in ihrem Gesamtbetrag anzugeben, sofern diese Angabe für die Beurteilung der Finanzlage von Bedeutung ist, § 285 Z. 3. Für die externe Aufstellung eines Zahlungsplanes reichen allerdings selbst diese bemerkenswert erweiterten Angaben längst nicht aus[124].

(d) Grundsätzlich stützt auch ein eingeräumter, aber nicht ausgenutzter Kredit (sogen. „Kreditlinie“) die Zahlungsfähigkeit. Ist der Kreditspielraum ausreichend, wird die Erhaltung der Liquidität zu einem bloßen technischen Problem[125]. Der Jahresabschluß deckt zwar ein nicht in Anspruch genomme-

---

[121] Zur Optimierung der Kapitalstruktur im Hinblick auf die Konkurswahrscheinlichkeit sind sind eine Vielzahl von Modellen entwickelt worden, s. die Nachweise bei Swoboda, Betriebliche Finanzierung, S. 136; kritisch Haugen / Senbet, The Insignificance of Bankruptcy Costs to the Theory of Optimal Capital Structure, Journal of Finance 1978, S 383ff.

[122] Baetge / Commandeur, aaO, § 264 Rdn. 25.

[123] Busse von Colbe in HWF, Sp. 384 zum Stichwort „Finanzanalyse“.

[124] Küting, aaO, S. 1092ff, 1098; selbst ein „Grobfinanz plan“ läßt sich aus den Daten des Jahresabschlusses nicht aufstellen, Ballwieser, WPg 1987, S. 64ff.

[125] Krümmel in HWB, Sp. 1491f zum Stichwort „Finanzpolitik, betriebliche“.

nes Kreditpotential nicht auf[126]. Mit der Angabe der „sonstigen finanziellen Verpflichtungen" im Anhang, § 285 Z. 3, enthält der neue Jahresabschluß jedoch wichtige zusätzliche Hinweise.

Insgesamt läßt sich feststellen, daß die finanzwirtschaftlichen Aussagen wiederum durch eine Reihe von Einzelvorschriften des Bilanzrichtliniengesetzes verbessert wurde[127]. Die Pflichtangaben dienen jedoch weiterhin dem primären Ziel des Jahresabschlusses, einen Einblick in die Vermögens- und Ertragslage zu geben[128]. Für die Finanzlage haben diese Angaben überwiegend nur indizielle Bedeutung. Die Informationen sind zwar vielfältig, sie stellen jedoch jeweils nur einzelne Komponenten der Finanzlage dar und sind zudem – ohne ein ordnendes Prinzip – über den gesamten Jahresabschluß verstreut[129]. Der Jahresabschluß erfüllt mit seinen Pflichtbestandteilen das neue Tatbestandsmerkmal „Finanzlage" daher nur beschränkt.

In diesem Sinne ist die von Großfeld aufgeworfene Frage, ob die sprachliche Neufassung der Idee des § 149 Abs. 1 AktG 1965 in § 264 Abs. 2 S. 1 die materielle Zielsetzung des Jahresabschlusses geändert hat[130], zu bejahen. Der Gesetzgeber hat mit der EG-rechtlich erzwungenen Aufnahme der „Finanzlage" zwar die jüngere Entwicklung in Praxis und Betriebswirtschaftslehre nachvollzogen[131], in ihrer Konsequenz einer zusätzlichen Jahresrechnung ist er den neuen Erkenntnissen jedoch nicht gefolgt.

3. Das den tatsächlichen Verhältnissen entsprechende Bild

Das Gesetz hat das Prinzip der Bilanzwahrheit[132] in ein Maß gefaßt, dem der Jahresabschluß entsprechen muß: Der unter Beachtung der Grundsätze ordnungsgemäßer Buchführung aufgestellte Jahresabschluß hat ein „den tatsächlichen Umständen entsprechendes Bild" der Vermögens-, Finanz- und Ertragslage der Kapitalgesellschaft zu vermitteln, § 264 Abs. 2 S. 1. Das „overriding principle" des Art. 2 Abs. 4 der 4. EG-Richtlinie hat der deutsche Gesetzgeber hingegen nicht transformiert[133], sondern in § 264 Abs. 2 S. 2 als Grundsatz den Vorrang der Pflichtbestandteile festgelegt:

---

126 Küting, aaO, S. 1090f; Schoppen, aaO, S. 54.

127 Einzelheiten bei Baetge / Commandeur, aaO, § 264 Rdn. 25.

128 Zum Jahresabschluß nach dem AktG 1965 Schoppen, aaO, S. 58.

129 Coenenberg / Schmidt, aaO, S. 507; ähnlich Leffson in HURB, S. 102 zum Stichwort „Bild der tatsächlichen Verhältnisse".

130 Großfeld in HURB, S. 192 zum Stichwort „Generalnorm".

131 Vor der 4. EG-Richtlinie forderte eine Finanzbewegungsrechnung zur Darstellung der Finanzen des Unternehmens: Jonas, DB 1976, S. 2365; ders. DB 1978, S. 1457.

132 Hierzu Leffson, GoB, S. 193ff.

133 Baetge / Commandeur, aaO, § 264 Rdn. 10; kritisch Niehus, ZGR 1985, S. 545f; der Verstoß gegen die Vorgaben der Richtlinie wird in der Literatur inzwischen zum

> „Führen besondere Umstände dazu, daß der Jahresabschluß ein den tatsächlichen Verhältnissen entsprechendes Bild im Sinne des Satzes 1 nicht vermittelt, so sind im Anhang zusätzliche Angaben zu machen."

Als ergänzende (Pflicht-)Angabe kommt auch eine Kapitalflußrechnung in Betracht.

a) Der Grundsatz des „true and fair view"

Seinen Ursprung hat das Postulat des „den tatsächlichen Verhältnissen entsprechenden Bildes" in dem traditionsreichen angelsächsischen Rechnungslegungsgrundsatz des „true and fair view"[134]. Dieser Grundsatz kann nur dann zur Aufstellung einer Kapitalflußrechnung verpflichten, wenn „true and fair" dieses Gebot beinhaltet und die deutsche Norm im englischen Verständnis auszulegen ist. Beide Bedingungen liegen jedoch wohl nicht vor.

(1) Das „Institute of Chartered Accountants in England and Wales" hat im Jahre 1975 durch sein SSAP No. 10 die Kapitalflußrechnung standesrechtlich für alle Unternehmen vorgeschrieben, deren Jahresumsatz 25.000 Pfund übersteigt[135]. Es bleibt allerdings offen, ob diese Regelung konstitutiv ist oder ob sie lediglich eine bereits aus dem Grundsatz des true and fair view folgende Pflicht zur Aufstellung einer Kapitalflußrechnung deklariert[136]. Der britische Gesetzgeber selbst hat im Rahmen der Transformation der 4. EG-Richtlinie diese standesrechtliche Vorschrift nicht übernommen und keine Kapitalflußrechnung eingeführt.

(2) Es ist umstritten, ob die deutsche Zentralnorm des § 264 Abs. 2 im Sinne des englischen „true and fair view" auszulegen ist. Dies wird im Interesse einer europaweit einheitlichen Auslegung gefordert[137] und entspräche im übrigen der Auslegung mehrsprachiger Verträge[138]. Andererseits erscheint es fraglich, ob eine derart enge Bindung der Auslegung nationaler Gesetze durch eine EG-Richtlinie vermittelt werden kann. Die Richtlinie verpflichtet ausschließlich den nationalen Gesetzgeber, auch diesen bindet sie nur im Rahmen der erstrebten Rechtsangleichung. Der Rückgriff auf das englische Recht darf für die Auslegung daher nicht überbewertet werden, und zwar weder für die

---

Anlaß genommen, eine unmittelbare Anwendung des Art. 2 Abs. 3 und 5 der Richtlinie zu diskutieren, Hartung, RIW 1988, S. 52.

[134] Leffson in HURB, S. 96; Streim in Bonner Handbuch Rechnungslegung, § 264, Rdn. 5ff; siehe auch oben C. III. 1.

[135] Statement of Standard Accounting Practice No. 10: „Statement of source and application of funds", Accountancy September 1975, S. 58ff; ausführlich hierzu Kalinski, aaO, S. 127.

[136] In diesem Sinne Rückle, aaO, S. 172.

[137] Schwark, Grundsätzliche Aspekte des Bilanzrichtlinien-Entwurfes, BB 1982, S. 1150.

[138] Ausführlich Rückle, aaO, S. 170 m.w.N.; siehe auch oben II. 2. b).

Beurteilung der Richtlinie und noch weniger für die Auslegung deutschen Rechts[139].

Zusätzliche Bedenken gegen ein Gleichschaltung der Auslegung ergeben sich aus dogmatischen Unterschieden der Rechnungslegung in Großbritannien und der Bundesrepublik Deutschland. In Großbritannien war der Grundsatz des true and fair view bis vor wenigen Jahren die einzige gesetzliche Regel[140] für Form und Inhalt des Jahresabschlusses[141]. Entsprechend umfassend definiert die herrschende Auffassung die Anforderungen des Grundsatzes, in dessen Spektrum sie die Gesamtheit der Grundsätze ordnungsgemäßer Buchführung und Rechnungslegung (generally accepted accounting principles) einbezieht. Indem die Generalnorm auf die anerkannten Grundsätze der Buchführung und Rechnungslegung Bezug nimmt, gestaltet und bestimmt sie den Inhalt der Rechnungslegungspflicht[142].

In der Systematik des deutschen Rechnungslegungsrechts sind die Grundsätze ordnungsgemäßer Buchführung und Rechnungslegung hingegen überwiegend in Gesetzen niedergelegt, insbesondere im Dritten Buch des Handelsgesetzbuches. Im übrigen sind sie weitestgehend durch Rechtsprechung, Berufsverbände und wissenschaftliche Publikationen festgestellt. Was in Großbritannien unter dem Stichwort „true and fair view" diskutiert wird, ist im HGB zu einem beachtlichen Anteil bereits durch den gesetzliche Regelungen und den ergänzenden Hinweis auf die Grundsätze ordnungsmäßiger Buchführung erfaßt[143]. Die dichtgewebte Struktur des deutschen Rechnungslegungsrechts schließt eine Auslegung des § 264 Abs. 2 in dem umfasssenden angelsächsischen Sinne aus[144]. Für die Auslegung des deutschen Rechts kann dem angelsächsischen Prinzip des true and fair view keine unmittelbare Bedeutung beigemessen werden[145].

---

[139] Adler / Düring / Schmaltz, aaO, § 264 Rdn. 50.

[140] Section 149 der britischen Company's Act von 1948.

[141] Erst in jüngerer Zeit wurde ein Teil der Gliederungs- und Bewertungsvorschriften in Fachgutachten und Stellungnahmen der Organisation der Wirtschaftsprüfer geregelt sowie mit der Transformation der 4. EG-Richtlinie in der Companies Act gesetzlich vorgeschrieben. Im Zeitpunkt seiner Übernahme in das EG-Recht im Jahre 1978 war der Grundsatz des „true and fair view" jedoch in seinem originären britischen Geltungsbereich noch die „Generalnorm für ordnungsgemäße Rechnungslegung", vgl. Kalinski, aaO, S. 22.

[142] Tubbesing, AG 1979, S. 92; Ludewig, AG 1987, S. 13.

[143] Adler / Düring / Schmaltz, aaO, § 264 , Rdn. 50.

[144] Vor einem Verständnis der Generalklausel im Sinne des früheren britischen Rechts warnt auch Biener / Berneke, aaO, S. 132; ähnlich Schwark, der über den des true and fair view-Begriffs hinaus eine Berücksichtigung der Vorstellungen der EG-Mitgliedsstaaten forderte, BB 1982, S.1150.

[145] Budde / Karig, aaO, § 264 Rdn. 25.

b) Deutsche Auslegungsgrundsätze

Nach den deutschen Grundsätzen stehen der Gesetzeswortlaut[146] und der Wortsinn[147] im Vordergrund der Auslegung. Zur Erschließung der Formulierung „ein den tatsächlichen Verhältnissen entsprechendes Bild" greift die Literatur üblicherweise auf den Begriff des „true and fair view" zurück[148], der in seiner deutschen Übersetzung ein „wahres und angemessenes Bild" von der Lage der Gesellschaft verlangt[149]. Entsprechend wird gefordert, daß der Jahresabschluß „in gutem Glauben und mit Objektivität" erstellt werden müsse[150], er einen „getreuen Einblick" in die Lage des Unternehmens zu geben habe und die Adressaten „nicht täuschen" dürfe[151].

Einen weiteren Ansatzpunkt für die Auslegung bietet ein Vergleich mit der Vorgängerregelung in § 149 Abs. 1 S. 2 AktG a.F., die von dem Jahresabschluß „einen möglichst sicheren Einblick in die Vermögens- und Ertragslage der Gesellschaft" verlangte. Allgemein wird angenommen, daß die Formulierung des den „tatsächlichen Verhältnissen entsprechenden Bildes" zwar strenger sei, die Anforderungen jedoch nicht wesentlich verschärft werden[152]. Die Rechnungslegungskommission beschrieb ihre konservativ geprägte Vorstellung in der Begründung zu § 237 EHGB[153]:

> „Trotz der anspruchsvolleren Formulierung ist davon auszugehen, daß sich für die Praxis, soweit § 149 AktG bisher im Einzelfall nicht zu großzügig angewendet wurde, keine grundsätzlichen Änderungen ergeben. Dies ist vor allem deshalb anzunehmen, weil der Anwendungsbereich der Generalklausel im Verhältnis zum geltenden Recht nicht verändert wird. Wie bisher ergeben sich Inhalt und Umfang des Jahresabschlusses in erster Linie aus den Einzelvorschriften von Gesetzen und Verordnungen."

c) Verfehlen des Bildes, § 264 Abs. 2 S. 2

Entgegen der 4. EG-Richtlinie bestimmt das deutsche Handelsrecht den Vorrang der Spezialvorschriften; der Anwendungsbereich der Generalklausel ist auf die nicht ausdrücklich geregelten (Ausnahme-)Fälle beschränkt[154]. Die Begründung zu § 237 EHGB erläutert[155]:

---

[146] BVerfG Bd. 1, S. 312 und Bd. 11, S. 130.

[147] Larenz, Methodenlehre der Rechtswissenschaft, S. 305ff.

[148] Exemplarisch Streim in Bonner Handbuch Rechnungslegung, § 264 Rdn. 5 bis 7.

[149] Dietl / Moss / Lorenz, Wörterbuch für Recht, Wirtschaft und Politik, I Englisch-Deutsch zum Stichwort „view, a true and fair", S. 860.

[150] Baetge / Commandeur, aaO, § 264 Rdn. 29 unter Bezugnahme auf die Groupe d'Etudes des Experts Comptables de la C.E.E. 1975, S. III/17.

[151] Adler / Düring / Schmaltz, aaO, § 264 Rdn. 99.

[152] Baetge / Commandeur, aaO, § 264 Rdn. 31; differenzierend Streim, aaO, § 264 Rdn. 7.

[153] BT-Drucks. 10/317, S. 76 rechte Sp.

„Die Generalklausel ist deshalb nur heranzuziehen, wenn Zweifel bei der Auslegung und Anwendung einzelner Vorschriften entstehen oder Lücken in der gesetzlichen Regelung zu schließen sind. Die Generalklausel steht nicht in dem Sinne über der gesetzlichen Regelung, daß sie es erlauben würde, den Inhalt und Umfang des Jahresabschlusses in Abweichung von den gesetzlichen Vorschriften zu bestimmen".

Zusätzliche Angaben im Anhang schreibt § 264 Abs. 2 S. 2 nur für Ausnahmefälle vor, wenn „besondere Umstände" bewirken, daß der Jahresabschluß kein „den tatsächlichen Verhältnissen entsprechendes Bild" vermittelt. Mit dieser Bestimmung wollte der Gesetzgeber über die ausdrücklichen Gesetzesbestimmungen hinweg möglicherweise weitergehenden Erfordernissen der Richtlinie Rechnung tragen. Die Vorschrift vollzieht Art. 2 Abs. 4 der 4. EG-Richtlinie, mit ihrer zusätzlichen Voraussetzung der „besonderen Umstände" betont sie jedoch noch stärker den Ausnahmecharakter der Bestimmung. Die Begründung zu § 237 EHGB erklärte[156]:

„Insoweit wird ausdrücklich klargestellt, daß zusätzliche Angaben die nicht ausdrücklich vorgeschrieben sind, ... nur dann zu machen sind, wenn besondere Umstände dazu führen, daß der Jahresabschluß dieses Unternehmens trotz Anwendung der gesetzlichen Vorschriften hinter der Aussagekraft eines Jahresabschlusses dieses Unternehmens unter normalen Umständen zurückbleibt."

Die konzeptionellen Schwächen und Unsicherheiten bei der Erfassung der Realität kann § 264 Abs. 2 nicht überwinden. Es wird daher angenommen, daß sich die Vorschrift mit ihrer Optimierungsforderung innerhalb der systembedingten Grenzen und Schwächen bewege und nur in diesem Rahmen Defizite ausgleichen solle[157].

Der Gesetzgeber war sich der Unbestimmtheit der Formulierung bewußt und hat die Definition der „besonderen Umstände" zunächst der weiteren Entwicklung überlassen[158]. Bei ihren ersten Eingrenzungsbemühungen nennen die Kommentare zum neuen Rechnungslegungsrecht regelmäßig auch die Kapitalfußrechnung als in Betracht kommende Zusatzangabe[159], ein Finanzplan soll hingegen nicht verlangt sein[160].

---

[154] Ludewig, AG 1987, S. 14.

[155] BT-Drucks. 10/317, S. 76 rechte Sp.

[156] BT-Drucks. 10/317, S. 76 rechte Sp.

[157] Adler / Düring / Schmaltz, aaO, § 264 Rdn. 93 m.w.N.

[158] So der Vorsitzende des Rechnungslegungsausschusses Helmrich in der öffentlichen Anhörung 18/78, zitiert bei Helmrich, Bilanzrichtliniengesetz, S. 91.

[159] Rückle, aaO, S. 172; Forster, ZGR Sonderheft 2 1980, S. 64; a. A. Baetge / Commandeur, aaO, Rdn. 28.

[160] Vgl. Rückle, aaO, S. 181; Baetge / Commandeur in Küting / Weber, § 264 Rdn. 28.

(1) Rechnungen als zusätzliche Angaben

Als „zusätzliche Angaben“ sind alle diejenigen Informationen zu geben, die zur Vermittlung des von § 264 Abs. 2 S. 1 geforderten Bildes notwendig sind[161]. Grundsätzlich können sowohl punktuelle Einzelinformationen als auch komplexe, der Bilanz und GuV vergleichbare Rechnungen erforderlich sein. Das Thema dieser Arbeit beschränkt den Gegenstand der Untersuchung auf zusätzliche Angaben in der Form von Jahresrechnungen[162]. Eine (Kapitalfluß-)Rechnung kann als zusätzliche Angabe nur dann geboten sein, wenn ein Informationsdefizit nicht bereits durch Einzelangaben ausgefüllt werden kann. Es liegt daher nahe, den Jahresabschluß auf „komplexe Informationslücken“ zu untersuchen.

(a) Der Jahresabschluß stellt nicht alle Lagemerkmale gleichermaßen dar. Seine traditionelle Struktur schafft vielmehr Felder dichter Information, während andere Fragen nicht oder nur unzureichend beantwortet werden. Die Bereiche systembedingt schwacher Information werden deutlich, wenn man den gesetzlichen Jahresabschluß darauf überprüft, ob er die drei Lagemerkmale (Vermögenslage, Finanzlage und Ertragslage) in

- ihrem Stand am Ende der Berichtsperiode (statisch) und
- ihrer Entwicklung während des Geschäftsjahres (dynamisch)

darstellt. Jede der Kombinationen signalisiert einen Informationsbedarf der Rechnungslegungsadressaten, der durch die Pflichtbestandteile des Jahresabschlusses jedoch nur zu einem Teil abgedeckt wird.

	statisch	dynamisch
Ertragslage	Bilanz/GuV	GuV
Vermögenslage	Bilanz	(Anlageverzeichnis)
Finanzlage	Bilanz	

Bezogen auf den Schluß des Geschäftsjahres bildet die Bilanz sowohl die Vermögenslage, als auch die Finanz- und Ertragslage umfassend ab. Eine dynamische Darstellung bietet die GuV für die erfolgswirksamen Vorfälle während des Geschäftsjahres. Ihre Informationen betreffen jedoch unmittelbar nur die Ertragslage, für die Entwicklung der Vermögenslage und insbesondere der Finanzlage lassen sich aus der GuV nur Anhaltspunkte herauslesen. Das

161 Budde / Karig, aaO, Rdn. 54.

162 Zur Definition der „Rechnung“ vgl. oben A II.2.a).

Anlagevermögen wird im Anlageverzeichnis in seiner (Bestands-)Entwicklung gezeigt, § 268 Abs. 2. Die Veränderungen der übrigen Bilanzpositionen lassen sich hingegen nur mittelbar aus den gem. § 265 Abs. 2 angegebenen Vorjahreszahlen durch die Aufstellung einer Veränderungs- und Bewegungsbilanz ableiten.

Eine dynamische Darstellung der Finanzlage, die analog der GuV die Zu- und Abgänge der Finanzmittel einander gegenüberstellt, fehlt völlig. Gerade die Erhaltung der Liquidität ist jedoch kein statisches, sondern ein dynamisches Problem, da die Kapitalgesellschaft zu jedem Zeitpunkt ihres Bestehens zahlungsfähig sein muß.

(b) Die Darstellung von Vermögens- und Finanzmittelbewegungen ist Gegenstand der Kapitalflußrechnungen. Die Kapitalflußrechnung bietet sich damit an, die Informationsdefizite des gesetzlichen Jahresabschlusses auszufüllen. Käfer folgert, die Ergänzung des Jahresabschlusses durch eine Kapitalflußrechnung sei die „logische und fast zwangsläufige Weiterentwicklung der Rechnungslegung“[163].

(2) Besondere Umstände

Das Erfordernis zusätzlicher Angaben besteht nur, wenn „besondere Umstände“ vorliegen, § 264 Abs. 2 S. 2. Nach der allgemeinen Ansicht sind dies Gegebenheiten, die den Aussagegehalt des Jahresabschlusses hinter den durchschnittlichen und üblichen Verhältnissen während des Geschäftsjahres zurückstehen lassen[164].

Die strukturelle Schwäche des Jahresabschlusses im Hinblick auf die Finanzlage scheidet damit nach geltendem deutschen Handelsrecht als pflichtenbegründender Umstand von vorneherein aus. Diese Lücke ist regelmäßig festzustellen[165]. Der Verzicht des deutschen Gesetzgebers auf eine Transformation des „overriding principles“ schränkt damit die Wirksamkeit der Zielbestimmung an einer entscheidenden Stelle ein: Das Erfordernis „besonderer Umstände“ schließt jede Eignung der Zielbestimmung aus, Mängel des Jahresabschlusses bei der Darstellung der Finanzlage nachzubessern. § 264 Abs. 2 schützt nicht das Interesse an einer gegliederten Darstellung des finanziellen Ergebnisses der Berichtsperiode, sondern schreibt die systematischen Unzulänglichkeiten des gesetzlichen Jahresabschlusses fest.

---

163 Käfer in HWR zum Stichwort „Kapital- und Finanzflußrechnung“, Sp. 803.

164 Begr. RegE BT-Drucks. 10/317, S. 76; Glade, Rechnungslegung und Prüfung nach dem Bilanzrichtliniengesetz, § 264 Rdn. 41.

165 Streim schließt aus der Informationslücke sogar umgekehrt, § 264 Abs. 2 könne nur die Vermögens- und Kapitalstruktur als Finanzlage i.e.S. meinen, Bonner Handbuch Rechnungslegung, § 264 Rdn. 21.

Der Widerstreit des Gemeinschaftsrechts und des nationalen Rechts ist nicht durch Konformauslegung[166] heilbar, der Wortlaut des § 264 Abs. 2 ist eindeutig. Ungeachtet der vielfach beschworenen Einheit der Gemeinschaftsrechtsordnung[167] haben die Gemeinschaftsverträge vor den Bundesgesetzen aber keinen Vorrang. Nach den allgemeinen Kollusionsregeln[168] geht vielmehr das spätere innerstaatliche Recht vor[169]. Die EG-Kommission könnte jedoch gegen die Bundesrepublik Deutschland wegen der unzureichenden Umsetzung der EG-Richtlinie Klage erheben[170].

Die Aufstellung einer Finanzfondsrechnung können somit nur solche Informationsmängel nahelegen, die nicht systembedingt sind. Als Beispiele kommen ungewöhnliche Veränderungen im Bereich des Umlaufvermögens[171] und insbesondere Liquiditätsengpässe in Betracht. Hierbei hätten Kapitalgesellschaft und Abschlußprüfer aus ihrer internen Kenntnis zu berücksichtigen, ob ein Engpass konkursgefährlich war oder ob er lediglich ein technisches Problem darstellte[172]. Da der Jahresabschluß mit allen seinen Teilen eine Einheit bildet, kann eine Liquiditätsschwäche bereits aus den Pflichtangaben des Jahresabschlusses zu ersehen sein. Da die systematischen Schwächen des Jahresabschlusses zur Begründung nicht herangezogen werden dürfen, ist mit besonderer Sorgfalt zu prüfen, ob nicht die Benennung der konkreten Ursachen der Liquiditätsschwierigkeiten das Informationsinteresse treffender oder zumindest effektiver befriedigt. Eine komplexe Kapitalflußrechnung kann mit ihrer Vielfalt der Daten auch verwirrend wirken oder den entscheidenden Gesichtspunkt sogar verdecken.

(3) Wesentlichkeit

Nicht jede Diskrepanz zwischen dem Jahresabschluß und den konkreten Verhältnissen des Einzelfalles genügt[173], der besondere Grund muß vielmehr „wesentlich" sein[174]. Mit diesem zusätzlichen Merkmal hat die Literatur den Grundsatz der Verhältnismäßigkeit als ein weiteres Korrektiv zu den idealisti-

---

[166] Zur Bedeutung der Konformauslegung im EG-Recht vgl. Bleckmann, aaO, S. 1179.

[167] Magiera, aaO, S. 937.

[168] Magiera, aaO, S. 941 m.w.N.

[169] Maunz-Dürig, Grundgesetz, Art. 25 Rdn. 25.

[170] Hartung, Unmittelbare Wirkung von Bestimmungen der EG-Bilanzrichtlinie?, RIW 1988, S. 52, 55.

[171] Glade, Rechnungslegung und Prüfung nach dem Bilanzrichtliniengesetz, § 264 Rdn.

[172] Vgl. die Überlegungen von Breycha / Schäfer in Küting / Weber, § 321, Rdn. 55.

[173] Budde / Karig, aaO, § 264 Rdn. 48.

[174] Adler / Düring / Schmaltz, aaO, § 264, Rdn. 101; Budde / Karig, aaO, § 264 Rdn. 49.

schen Anforderungen der Zielbestimmung eingeführt und den Ausnahmecharakter der Bestimmung weiter verstärkt. Noch höhere Anforderungen müssen an die Erheblichkeit des Grundes gestellt werden[175], bevor der Anhang um eine komplette dritte Jahresrechnung zu ergänzen ist. Ob bereits eine (bloße) Liquiditätsschwäche des Berichtsunternehmens zu einer Kapitalflußrechnung verpflichten kann, erscheint bei der Informationsdichte der Pflichtangaben des Jahresabschlusses als zweifelhaft.

(4) Zusätzlichkeit

Ob der Widersprüchlichkeit der Zielbestimmung de lege ferenda abgeholfen werden sollte, ist in Kapitel D zu untersuchen. Dort wird auch die Kernfrage der Kapitalflußrechnung als Instrument der Rechnungslegung zu erörtern sein: Kann sie die an eine Jahresrechnung zu stellenden Anforderungen erfüllen oder ist sie bloße Jahresabschlußanalyse? Ließe sich aus § 264 Abs. 2 grundsätzlich eine Verpflichtung zur Aufstellung einer Kapitalflußrechnung herleiten, wäre die Frage bereits an dieser Stelle zu untersuchen und wohl wie folgt zu beantworten: Das Tatbestandsmerkmal der „zusätzlichen Angaben" schließt nach dem Wortsinn jede Form der Bilanzanalyse aus; eine Angabe kann nur dann „zusätzlich" sein, wenn sie in dem Jahresabschluß nicht bereits enthalten ist. Die bloße Interpretation bekannter Daten des Jahresabschusses genügt diesem Erfordernis nicht.

(5) Zusammenfassung

Insgesamt muß als sehr zweifelhaft angesehen werden, ob § 264 Abs. 2 eine Kapitalflußrechnung als Bestandteil des Anhangs verlangt. Umstände, die ein solches Erfordernis begründen könnten, wurden bislang weder herausgearbeitet noch sind solche derzeit ersichtlich. Die Entwicklung der Auslegung der jungen Norm ist allerdings noch offen, zumal bislang nicht einmal eine allgemeine Konvention über eine Gliederung der Kapitalflußrechnung erreicht werden konnte[176]. Die Bildung einer Kasuistik in dem aufgezeigten engen Rahmen ist möglich.

---

[175] Nach quantitativen und qualitativen Kriterien unterscheidet Leffson in HURB, S. 445 zum Stichwort „Wesentlich".

[176] Auch die Stellungnahme HFA 1/1978 gibt keine allgemein anerkannte Ansicht wieder; a. A. Coenenberg / Schmidt, aaO, S. 306.

4. Die Kapitalflußrechnung als Grundsatz ordnungsmäßiger Buchführung

Der Jahresabschluß muß neben den ausdrücklichen gesetzlichen Vorschriften auch den Grundsätzen ordnungsmäßiger Buchführung entsprechen, vgl. §§ 238 Abs. 1, 243 Abs. 1, 264 Abs. 2. Mit den „Grundsätzen ordnungsmäßiger Buchführung" ergänzt der Gesetzgeber die ausdrücklichen gesetzlichen Regeln[177] durch einen Normbefehl in der Form eines unbestimmten Rechtsbegriffs[178].

Die Ermittlung der Grundsätze ordnungsmäßiger Buchführung erfordert eine Auslegung des unbestimmten Rechtsbegriffs und ist damit Rechtsfrage. Die Auslegung wird allerdings im wesentlichen durch ökonomische Erkenntnisse geprägt, die von den Wirtschaftswissenschaftlern zu erarbeiten sind. Die Bestimmung der Grundsätze ordnungsmäßiger Buchführung wird daher als eine interdisziplinäre Aufgabe der Rechtswissenschaften und der Betriebswirtschaftslehre verstanden[179]. Da eine ausschließlich juristische Kompetenz nicht besteht, muß der Jurist, „wenn er einzelne GoB erarbeiten will, betriebswirtschaftlich denken und betriebswirtschaftliche Darlegungen auswerten"[180].

Die Kapitalflußrechnung ist bislang nicht als Grundsatz ordnungsmäßiger Buchführung erörtert worden[181]. Dies muß überraschen, denn die intensive Diskussion der Kapitalflußrechnung kann auch als die Suche nach einem Grundsatz ordnungsmäßiger Buchführung begriffen werden. Gegen eine Einführung der Kapitalflußrechnung als Grundsatz ordnungsmäßiger Buchführung bestehen jedoch rechtliche Bedenken, die eine nähere Betrachtung verdienen.

a) Rechtsformunabhängigkeit

Nach herrschendem Verständnis müssen die Maßstäbe der Ordnungsmäßigkeit der Rechnungslegung für alle Unternehmen grundsätzlich gleiche Geltung beanspruchen[182]. Dieses Postulat gehört zu den wesentlichen Zielsetzungen des Bilanzrichtliniengesetzes[183]. Deshalb können prinzipiell nur rechts-

---

[177] Ein großer Teil des GoB Normensystems ist nunmehr in den für alle Kaufleute geltenden Vorschriften der §§ 238ff gesetzlich normiert.

[178] Lang in HURB, S. 232f zum Stichwort „Grundsätze ordnungsmäßiger Buchführung I" m.w.N.

[179] Lang, aaO, S. 238.

[180] Leffson, aaO, S. 152.

[181] Einen „bereits in der Entwicklung befindlichen Handelsbrauch" erkannte jedoch bereits Jonas, DB 1978, S. 1457.

[182] Zu den folgenden Ausführungen vgl. Lang, aaO, S. 222.

[183] Bundesregierung, Entwurf eines Bilanzrichtlinie-Gesetzes, BT-Drucks. 10/317 vom 26. 8. 1983, S. 63ff .

form- und größenunabhängige Normen Gegenstand der gesetzlichen Verweisung sein. Obwohl § 264 Abs 2 den Kapitalgesellschaften die Beachtung der Grundsätze ordnungsmäßiger Buchführung gesondert vorschreibt, wird damit grundsätzlich kein gesondertes Normensystem eröffnet[184]. Bei Beachtung dieses Prinzips könnte die Kapitalflußrechnung somit nur für alle Kaufleute eingeführt werden.

b) Grundsätzliche Bedeutung

Die bilanzrechtliche Bedeutung des GoB-Normensystems besteht darin, die Anpassungsfähigkeit des Bilanzrechts an die Vielgestaltigkeit und Veränderlichkeit des Wirtschaftslebens sicherzustellen[185]. Aus dieser Aufgabe folgt eine Rollenverteilung: Der Gesetzgeber legt die Grundsätze (auch „obere GoB" genannt) fest und überantwortet im übrigen dem Rechtsanwender die Verantwortung, diese durch konkretisierende Regeln zu ergänzen und zu vervollständigen[186]. Kruse formulierte plastisch, der Richter habe „Stücke offengelassener Gesetzgebung auszufüllen"[187].

Es begegnet daher erheblichen Bedenken, ob ein Grundsatz ordnungsmäßiger Buchführung zu der Aufstellung einer zusätzlichen Jahresrechnung verpflichten kann. Es spricht vieles dafür, daß diese grundlegende Frage nur durch den Gesetzgeber entschiedenen werden kann.

c) Deduktive Ermittlung

Bei der Ermittlung der Grundsätze ordnungsmäßiger Buchführung hat die traditionelle Lehre der induktiven Ableitung aus den Handelsbräuchen ordentlicher und ehrenwerter Kaufleute an Einfluß verloren[188]. Die neuere deduktive Lehre gewinnt die Grundsätze ordnungsmäßiger Buchführung ausschließlich „durch Nachdenken" aus den gesetzlichen Zwecken der Rechnungslegung (teleologische Auslegung)[189]. Die GoB können zur Aufstellung daher nur verpflichten, wenn die Kapitalflußrechnung im Hinblick auf die hauptsächlichen Jahresabschlußzwecke Dokumentation und Rechenschaft nützlich ist und den Jahresabschuß um bedeutungsvolle Informationen ergänzen kann[190]. Maßstab für die Prüfung ist der Zweck des Gesetzes.

---

184 Siehe auch Leffson, GoB, S. 152.
185 Lang, aaO, S. 223f.
186 Lang, aaO, S. 224.
187 Kruse, Grundsätze ordnungsmäßiger Buchführung, S. 147.
188 Lang, aaO, S. 236.
189 Leffson, GoB, S. 35f; Döllerer, Grundsätze ordnungsmäßiger Bilanzierung, deren Entstehung und Ermittlung, BB 1959, S. 1217, 1220.
190 Zum Prinzip der Deduktion Leffson, GoB, S. 29ff m.w.N. und 150.

Die gesetzliche Beschränkung des Erfordernisses zusätzlicher Angaben auf „besondere Umstände“ begrenzt folglich nicht nur den unmittelbaren Geltungsbereich der Norm, sondern auch die Möglichkeit, im Wege der teleologischen Auslegung Grundsätze ordnungsmäßiger Buchführung zu gewinnen. In der Konkurrenz zwischen den Anforderungen der „Finanzlage“ und den „besonderen Umständen“ ist dem letztgenannten Tatbestandsmerkmal eine Blockierstellung beizumessen. Auf das Erfordernis zusätzlicher Umstände läßt sich nicht verzichten, ohne gegen den eindeutigen Gesetzeswortlaut zu verstoßen. Grundsätze ordnungsmäßiger Buchführung contra legem werden zurecht ganz überwiegend abgelehnt.

Auch über den „Umweg“ der Grundsätze ordnungsmäßiger Buchführung kann eine Verpflichtung zu einer umfassenden Darstellung der Finanzlage in einer gesonderten Jahresrechnung somit nicht begründet werden. Die Entscheidung des Gesetzgebers, die Ergänzung der Pflichtbestandteile des Jahresabschlusses auf „besondere Umstände“ zu beschränken, setzt ihre Wirkungen damit auch auf der Ebene der Grundsätze ordnungsmäßiger Buchführung fort.

5. Verbleibende Einsatzbereiche

Nachdem § 264 Abs. 2 keine Verpflichtung zur Aufstellung einer Kapitalflußrechnung begründet, ist die Kapitalflußrechnung de lege lata auf einige Randbereiche beschränkt.

a) Andere Verpflichtungsgründe

Das handelsrechtliche Offenlegungserfordernis gem. § 325 enthält lediglich Mindestvorgaben. Über die Vorschriften des HGB hinausgehende Publizitätspflichten, die einer Kapitalgesellschaft aufgrund gesetzlicher, vertraglicher oder satzungsmäßiger Verpflichtung obliegen, sind zu beachten, § 325 Abs. 5. Die Verpflichtung zur Offenlegung einer Kapitalflußrechnung kann sich auch aus den Vorschriften ausländischer Börsen ergeben, an denen die Aktien gehandelt werden. Für die an den Börsen in den USA notierten deutschen Gesellschaften ist die Kapitalflußrechnung auch in der Bundesrepublik Bestandteil des offenzulegenden Jahresabschlusses. Eine Reduzierung des testierten Informationsumfanges auf die für die Bundesrepublik geltenden Mindesterfordernisse ist unzulässig[191].

Weitergehende Pflichten zur Aufstellung – nicht notwendigerweise Publizierung – von Kapitalflußrechnungen und Finanzplänen ergeben sich bei der GmbH: Da die Gesellschafter die Kompetenz für die Festlegung der

---

[191] Müller in Küting / Weber, aaO, § 325, Rdn. 20.

Geschäfts- und speziell Finanzpolitik haben, sind die Geschäftsführer verpflichtet, Pläne zu entwickeln und den Gesellschaftern zur Beschlußfassung zu unterbreiten[192].

b) Freiwillige Aufstellung

Im übrigen ist der vom Gesetzgeber eröffnete Spielraum für die weitere Entwicklung auf eine freiwillige Veröffentlichung der Kapitalflußrechnung beschränkt.

(1) Eine Kapitalflußrechnung kann als freiwilliger Teil des Anhanges offengelegt werden[193]. Die der materiellen Regelung vorausgeeilte Zielbestimmung des § 264 Abs. 2 läßt sich insofern zwanglos als unverbindliche Empfehlung auslegen. Entgegen § 272 Abs. 1 des Regierungsentwurfes[194] schließt der endgültige Gesetzestext auch eine Publizierung von Finanzplänen nicht aus[195]. Eine freiwillig offengelegte Kapitalflußrechnung unterliegt allerdings auch der vollen Prüfungspflicht i.S.d. § 317 Abs. 1 S. 2[196]. Für prospektive Kapitalflußrechnungen und Finanzpläne ergibt sich damit das Problem der Prüfung von Prognosen[197].

(2) Außerhalb des Jahresabschlusses, aber noch innerhalb der Pflichtbestandteile, kann die Kapitalflußrechnung freiwilliger Teil des Lageberichtes sein[198]. Die Ergänzung bietet sich an, da § 289 Abs. 1 über das den tatsächlichen Verhältnissen entsprechende Bild der „Lage der Kapitalgesellschaft" hinaus ein solches Bild auch von dem „Geschäftsverlauf" fordert. Mit der ausdrücklichen Forderung, auf die „voraussichtliche Entwicklung" der Kapitalgesellschaft einzugehen, § 289 Abs. 2 Z. 2, enthält die Regelung des Lageberichts zugleich einen (schwachen) Hinweis auf die Veröffentlichung einer prospektiven Kapitalfußrechnung. Die im Rahmen des Lageberichts gegebenen Informationen sind gem. § 317 Abs. 1 S. 3 nur darauf zu prüfen, ob sie mit dem Jahresabschluß in Einklang stehen und keine falsche Vorstellung von der Lage erwecken[199].

(3) Große Bedeutung für die Praxis hat die Frage, ob eine freiwillige Kapitalflußrechnung (eher) in den Anhang oder in den Lagebericht aufzunehmen

---

192 Rückle in HURB, S. 182 zum Stichwort „Finanzlage" m.w.N.

193 Adler / Düring / Schmaltz, aaO, § 284, Rdn. 34.

194 BT-Drucks. 257/83 vom 3. 6. 1983.

195 Rückle in HRUB, S. 183; Adler / Düring / Schmaltz, aaO, § 284, Rdn. 4, 34.

196 Baetge / Fischer in Küting / Weber, § 317 Rdn. 9.

197 Hierzu umfassend: Rückle, DB 1984, S. 57ff.

198 Exemplarisch Clemm / Ellrott in Beck'scher Bilanzkommentar, § 289, Rdn. 33; Forster, ZGR 1980 Sonderheft 2, S. 57ff; Adler / Düring / Schmaltz, aa0, § 289, Rdn. 99.

199 Adler / Düring / Schmaltz, aa0, § 289, Rdn. 62.

ist. Neben den unterschiedlichen Prüfungs- und Veröffentlichungspflichten[200] ergibt sich als bedeutsamer Gesichtspunkt, daß der Anhang als vollwertiger Bestandteil des Jahresabschlusses Bilanz und GuV gleichgestellt ist. Eine Kapitalflußrechnung im Anhang kann daher Angaben übernehmen, die sonst in Bilanz oder GuV ihren Platz hätten[201]. Diese Möglichkeit findet jedoch ihre Grenze, wenn die nach den §§ 266, 275 vorgeschriebene Aufgliederung der Bilanz und GuV umgangen würde[202].

c) Der Prüfungsbericht

Das HGB schreibt vor, daß im Prüfungsbericht „nachteilige Veränderungen der Vermögens-, Finanz- und Ertragslage gegenüber dem Vorjahr aufzuführen und zu erläutern sind", § 321 Abs. 1 S. 4. Auch außerhalb der ausdrücklichen gesetzlichen Verpflichtung kann es zweckmäßig sein, die wesentlichen Veränderungen der Finanzlage gegenüber dem Vorjahr im Rahmen einer Kapitalflußrechnung zu erörtern[203]. Der Einsatz der Kapitalflußrechnung in diesem Rahmen gehört in Deutschland bereits seit einiger Zeit zur guten Berufsausübung der Wirtschaftsprüfer[204].

Die Bedeutung der Kapitalflußrechnung als Bestandteil des Prüfungsberichtes kann jedoch nicht mit einer Verwendung im Rahmen der Pflichtbestandteile oder gar des publizitätspflichtigen Jahresabschlusses gleichgesetzt werden. Der Adressatenkreis des Prüfungsberichtes ist überaus eng, er beschränkt sich auf die gesetzlichen Vertretern der Kapitalgesellschaft, § 321 Abs. 3, die ihn nicht einmal an ihre Gesellschafter weiterleiten müssen[205]. Als Bestandteil des Prüfungsberichtes nimmt die Kapitalflußrechnung an deren Charakter als „vertrauliche Dokumentation"[206] teil, die Kapitalflußrechnung bleibt unternehmens-„intern".

---

[200] Kleine Kapitalgesellschaften sind zwar nicht von der Verflichtung einen Lagebericht aufzustellen, wohl aber von der Pflicht, ihn zum Handelsregister einzureichen, befreit, § 326 S. 1.

[201] Begründung zum RegEntw § 237 E HGB, abgedruckt in Bonner Handbuch Rechnungslegung, Abschnitt 4, § 264 S. 2.

[202] Budde / Fröschle, DB 1988, S. 1458.

[203] WP-Handbuch 1985/86 Band II, S. 539f; Breycha / Schäfer in Küting / Weber, § 321 Rdn. 34.

[204] HFA des IdW Stellungnahme 1/1978; Glade, aaO, § 285 Rdn. 124; Tubbesing, ZfB, S. 528.

[205] Grewe in Bonner Handbuch Rechnungslegung, § 321 Rdn. 14.

[206] Grewe, aaO, § 321 Rdn. 13.

IV. Börsenrechtliche Publizitätspflichten

Die Dominanz der handelsrechtlichen Rechnungslegungsvorschriften läßt dem Börsenrecht für eigene Publizitätsvorschriften nur wenig Spielraum. Es kann daher nicht überraschen, daß das deutsche Kapitalmarktrecht verglichen mit dem US-amerikanischen weitgehend ungeregelt und behördlicher Aufsicht entzogen ist[207].

1. Bedeutung des Aktienmarktes

Während in den USA die Unternehmensfinanzierung durch Aktienemissionen weitverbreitet ist, tritt diese in der Bundesrepublik noch deutlich hinter die Finanzierung durch kurz- und langfristige Bankkredite zurück[208]. In der Bundesrepublik wird heute an 8 Börsenplätzen mit Wertpapieren gehandelt, wobei der Handel mit Aktien traditionell eine Vorrangstellung einnimmt. Die Neuemmissionen der letzten Jahre signalisieren eine weiterhin steigende Bedeutung des Aktienmarktes[209]. In einer Zeit sinkender Eigenkapitalquoten entdecken immer mehr Unternehmen die Emission von Aktien als Mittel der Unternehmensfinanzierung. Diese Entwicklung wird von dem Gesetzgeber gezielt gefördert[210].

2. Struktur des Anlegerschutzes

In der Bundesrepublik beruht der Schutz der Wertpapieranleger auf einer Kombination von Handelsrecht und Börsenrecht.

a) Anders als in den USA hat sich in Deutschland vorrangig das Handelsrecht dem Schutz der Anleger gewidmet. Anlegerschutzgedanken sind traditionell im Aktiengesetz verwurzelt. In vielen Novellen des Aktiengesetzes wurde der Schutz des Aktionärs verstärkt und die Publizitätspflichten ausgedehnt. Seit dem Bilanzrichtliniengesetz umfaßt der handelsrechtliche Anlegerschutz (gestaffelt nach Größenmerkmalen) alle Kapitalgesellschaften[211]. Bereits das Handelsrecht erfüllt damit die hauptsächlichen Informationsinteressen der Investoren.

---

207 Gumpel / Ramin / Schiessl, DB 1988, S. 1432.

208 Gutachten des Wissenschaftlichen Beirat beim Bundesministerium für Wirtschaft vom 6. 12. 1986, zitiert in AG 3/1987, S. R 55.

209 Im Verhältnis zu den USA nehmen sich die Neuemissionen in der Bundesrepublik sehr bescheiden aus: Im Jahre 1983 standen 884 Neuemissionen mit einem Volumen von 35 Mrd. DM in den USA nur 11 Neuemissionen mit einem Volumen von 319 Millionen DM in der Bundesrepublik gegenüber, Ertl, Zeitschrift für das gesamte Kreditwesen 1984, S. 148,150.

210 Schwark, NJW 1987, S. 2041 unter besonderem Hinweis auf das Zweite Vermögensbeteiligungsgesetz.

211 Zu den Einzelheiten siehe oben II. 3.

b) Als Verfassung der Börsen beschreibt das Börsengesetz vor allem die Grundzüge der Einrichtung und des Geschäftsablaufes an den Börsen, die in einer möglichst anlegerschützenden Weise organisiert werden[212]. Unter Verzicht auf eine spezielle Aufsichtsbehörde überläßt das deutsche Wertpapierrecht Regulierungen und Kontrollen weitgehend der Selbstverwaltung der Wertpapierbörsen[213]. Die staatliche Einflußnahme beschränkt sich auf die Regelung der Zulassungsvoraussetzungen und des Verfahrens sowie die Überwachung der Einhaltung dieser Vorschriften durch Staatskommissare im Rahmen einer allgemeinen Rechtsaufsicht, § 2 BörsG.

Über das Handelsrecht hinausgehende Publizitätspflichten enthält das Kapitalmarktrecht nur für den Wertpapierhandel an den Börsen. Das deutsche Publizitätsrecht kennt – anders als die USA – keine allgemeine Prospektpflicht bei der Begebung von Wertpapieren[214]. Gleichgültig, ob es sich um Aktien, Obligationen oder Junge Aktien aus Kapitalerhöhungen bzw. Beteiligungen handelt, der Verkauf d.h. insbesondere die Erstplazierung findet in beliebigen Formen statt, die dem plazierenden Institut nicht vorgeschrieben sind. Ein Zwang, der Öffentlichkeit ein Prospekt vorzulegen, besteht in Deutschland erst dann, wenn ein Wertpapier zur Notierung an der Börse zugelassen werden soll. Auch die Einführung in den Freiverkehr geschieht ohne Prospekt i.S.d. § 38 Abs. 2 BörsG; statt des Prospektes ist ein „Expose" vorzulegen, das aber nicht die Prospekthaftung nach § 45 BörsG auslöst und auch nicht veröffentlicht wird[215]. Das Kapitalmarktrecht ist in der Bundesrepublik daher Börsenrecht.

Mit der Regelung der Prospektpflicht bei der Zulassung von Wertpapieren zum Börsenhandel ergänzt das deutsche Börsenrecht die handelsrechtlichen Rechnungslegungspflichten[216]. In der historischen Entwicklung der einschlägigen Vorschriften hat der Prospekt stets ein Mehr an Publizität gegenüber der laufenden Unternehmensberichterstattung enthalten[217].

---

212 Einzelheiten bei Schmidt, Börsenorganisation zum Schutz der Anleger, Tübingen 1970.

213 Schwark, Börsengesetz, Einl. Rdn. 55; Rüdiger von Rosen, Kein Aufsichtsamt für die deutschen Börsen, Frankfurter Allgemeine Zeitung, 3. Oktober 1987, S. 14.

214 Der Gesetzgeber ging von der Reihenfolge „Zulassung – Börseneinführung – Emission" aus, die in der Praxis übliche Sequenz „Emission – Zulassung – Einführung" unterläuft den umfassenden Schutzzweck der Prospektpflicht; Klages, aaO, S. 42 ; Schwark, Anlegerschutz durch Wirtschaftsrecht, S. 187f.

215 Zahn, ZGR 1981, S. 119.

216 Die Kombinationswirkung darf nicht übersehen werden, wenn der Anlegerschutz in den USA und in der Bundesrepublik verglichen werden. Bei einer unmittelbaren Gegenüberstellung schneidet das deutsche Börsenrecht sicherlich schlecht ab. In der Kombination mit dem Handelsrecht leistet es jedoch einen guten Anlegerschutz, Rüdiger von Rosen, aaO.

217 Schwark, Anlegerschutz, S. 192.

3. Integration des EG-Kapitalmarktes

Parallel zu der Harmonisierung des Gesellschaftsrechts wirken die Bemühungen der Europäischen Gemeinschaft um eine Integration der Kapitalmärkte als wichtiger Bestandteil des gemeinsamen Marktes, Art. 68 EWG-V[218]. Inhaltlich verfolgt das EG-Recht vor allem den Schutz der gegenwärtigen und potentiellen Anleger durch ausreichende und möglichst objektive Informationen über die wirtschaftliche Lage „ihrer" Gesellschaften[219]. Erste Anregungen für Harmonisierungsvorschriften enthielt der 1966 im Auftrag der EG-Kommission erstellte sogen. Segre-Bericht[220]. Auf der Grundlage der Art. 54 Abs. 3 lit. g und 100 EWG-V[221] hat der Rat der Europäischen Gemeinschaft zur Vereinheitlichung des Gesellschafts- und Kapitalmarktrechts die nationalen Gesetzgeber mit drei Richtlinien zur Rechtsangleichung verpflichtet. Alle drei Richtlinien betreffen ausschließlich Wertpapiere, die an einer Börse gehandelt werden[222].

a) Börsenzulassungsrichtlinie

Die Börsenzulassungsrichtlinie vom 05. März 1979[223] legt Mindestregeln für den Zugang zu den Börsen in den Mitgliedsstaaten fest. Sie gibt die Grundzüge des Zulassungsverfahrens, der Befugnisse der Zulassungsstelle sowie des Umfanges der Veröffentlichungspflichten der Emittenten von Aktien und Schuldverschreibungen vor. Durch die Standardisierung sollen der Zugang für Gesellschaften aus anderen Mitgliedsstaaten vereinfacht und mehrfache Prüfungen bei Börsenzulassung in mehreren Ländern der EG überflüssig gemacht werden[224].

Die Emittenten von Aktien, die zur amtlichen Notierung zugelassenen sind, müssen dem Publikum ihren letzten Jahresabschluß und Lagebericht unverzüglich zur Verfügung stellen, Art. 4 Abs. 2 i.V.m. Schema C Z. 4 a BörsZulR. Vermitteln Jahresabschluß und Lagebericht kein getreues Bild von der

---

218 Lutter, Europäisches Gesellschaftsrecht, ZGR Sonderheft 1, S. 52; zur Bedeutung geichwertig gestalteter Anlegerinformationen im Rahmen der EG Klages, aaO, S. 29.

219 Lutter, aaO, S. 52.

220 Der Aufbau eines europäischen Kapitalmarktes, herausgegeben von der Kommission der EG, Brüssel 1966; zur Geschichte der Börsenzulassungsprospektrichtlinie siehe auch Klages, aaO, S. 31 m.w.N.

221 Klages, aaO, S. 27; Schwark, Börsengesetz, Einl. Rdn. 47.

222 Art. 1 Abs. 1 BörsZulR, Art. 1 Abs. 1 BörsZulPR, Art. 1 Abs. 1 HalbjahresR.

223 Richtlinie des Rates zur Koordinierung der Bedingungen für die Zulassung von Wertpapieren zur amtlichen Notierung an einer Wertpapierbörse (79/279/EWG), veröffentlicht im Amtblatt der EG Nr. L 66 v. 16. 03. 1979, S. 21.

224 Lutter, aaO, S. 53.

Vermögens-, Finanz- und Ertragslage der Gesellschaft, so sind genauere oder zusätzliche Angaben zu machen, Schema C Z. 4 c.

Diese Pflichten ergeben sich in Deutschland bereits aus dem Handelsrecht, das auf börsennotierte Aktiengesellschaften stets mit seinen strengsten Publizitätsanforderungen anzuwenden ist, § 267 Abs. 3 S. 2 HGB, und zur unverzüglichen Offenlegung spätestens vor Ablauf des neunten Monats nach dem Ende des Geschäftsjahres verpflichtet § 325 HGB. Die Forderung nach einem „getreuen Bild" der Vermögens-, Finanz- und Ertragslage steht nach der Wortbedeutung dem Grundsatz des „true and fair view" nahe; sie dürfte in ihren praktischen Anforderungen kaum strenger sein als das „den tatsächlichen Verhältnissen entsprechende Bild" des § 264 Abs. 2.

b) Börsenzulassungsprospektrichtlinie

Die 6. EG-Richtlinie vom 17. März 1980[225] bestimmt die (Mindest-)Anforderungen, die an das dem Antrag auf Börsenzulassung beizufügende und zu veröffentlichende Prospekt zu stellenden sind. Die Richtlinie gliedert sich in einen allgemeinen Teil und drei Anhänge.

Im allgemeinen Teil sind der Inhalt eines Prospekts und seine Prüfung geregelt. Das Informationsziel definiert Art 4 Abs. 1 BörsZulPR:

> „Der Prospekt muß die nötigen Angaben enthalten, um den Anlegern und ihren Anlageberatern ein fundiertes Urteil über die Vermögens-, Finanz- und Ertragslage und die Entwicklungsaussichten des Emittenten zu gestatten."

Die Generalklausel weist Ähnlichkeiten mit der „true and fair view"-Formel des Art. 2 Art. 3 der 4. Gesellschaftsrechtlichen Richtlinie auf, geht aber durch das Wort „fundiert" und die Ausrichtung auf die Zukunft noch darüber hinaus[226]. Andererseits werden die Anforderungen durch die Formulierung „den Anlegern oder ihren Anlageberater" eher gemindert, da die professionellen Berater eher zu einer selbständigen Bewertung und Analyse des Jahresabschlusses in der Lage sind.

Die Anhänge schreiben jeweils für bestimmte Gesellschaftsarten die in dem Zulassungsprospekt zu veröffentlichenden Angaben vor[227]. Für den Prospekt zur (Erst-)Zulassung von Aktien fordert Schema A eine „Aufstellung über Herkunft und Verwendung der Mittel für die letzten drei Geschäftsjahre"[228]. Diese Regelung verpflichtet die nationalen Gesetzgebern zwingend zur Ein-

---

[225] 80/390/EWG, ABlEG Nr. 2 v. 17. 04. 1980, S. 1ff; vgl. hierzu Kalinski, aaO, S. 33

[226] Schwark, NJW 1987, S. 2041, 2044.

[227] Vgl. hierzu Lutter, aaO, S. 53f.

[228] Anhang zur BörsZulPR Schema A, Kapitel 5 Z. 5.1.6.; diese Forderung erhebt auch die Börsenzulassungsrichtlinie, Anhang Schema A I. 3.

führung einer Kapitalflußrechnung als Bestandteil des Zulassungsprospekts. Eine bestimmte Form der Kapitalflußrechnung wird nicht festgelegt[229].

Die Richtlinie vom Frühjahr 1980 über den Börsenzulassungsprospekt betrifft nur Wertpapiere, die zum amtlichen Handel an der Börse zugelassen werden sollen; sie schützt damit nicht die Anleger des geregelten oder ungeregelten Freiverkehrs. Diese Lücke will der seit dem 19. Juli 1982 vorliegende überarbeitete Richtlinienvorschlag über den Emissionsprospekt[230] schließen[231]. Nach dem Richtlinienentwurf soll jedes Unternehmen einen Prospekt publizieren, das Wertpapiere öffentlich anbieten will. Der Richtlinienvorschlag übernimmt damit näherungsweise die Rechtslage in den USA. Er wurde vom Rat der EG bislang jedoch nicht verabschiedet.

c) *Halbjahresberichtsrichtlinie*

Im Interesse einer kurzen Informationsfolge schreibt die Richtlinie über Halbjahresberichte vom 15. Februar 1982 (HalbJR)[232] den Mitgliedsstaaten vor, die Veröffentlichung von Zwischenberichten der Gesellschaften über die ersten sechs Monate jedes Geschäftsjahres sicherzustellen, Art. 2 HalbJR.

Der Zwischenbericht hat keine Ähnlichkeit mit dem auf umfassende Information angelegten Jahresabschluß. Er ist ein Kurzbericht der lediglich die Nettoumsatzerlöse und das Ergebnis vor oder nach Steuern als Kenndaten sowie Erläuterungen dazu enthalten soll, Art. 5 HalbJR[233]. Trotz ihrer besonderen Eignung als kurzfristig aufstellbare Finanzflußrechnung zur zeitnahen Information über die Geschäftsentwicklung ist eine Kapitalflußrechnung als Bestandteil des Zwischenberichtes nicht vorgesehen.

4. Transformation in der Bundesrepublik

a) *Börsenzulassungsgesetz*

Mit einer Verzögerung von 2½ Jahren gegenüber den zeitlichen Vorgaben des EG-Rechts[234], hat der Deutsche Bundestag am 16. Dezember 1986 durch das Börsenzulassungsgesetz[235] die drei Kapitalmarkt-Richtlinien in das deutsche Börsenrecht transformiert.

---

229 Kalinski, aaO, S. 150f.

230 Zitiert bei Lutter, aaO, S. 239ff; siehe auch Lutter, aaO, S. 53.

231 Lutter, aaO, S. 53.

232 82/121/EWG, ABlEG Nr. 248 v. 20. 02. 1982, S. 26.

233 Lutter, aaO, S. 54f.

234 Gem. Art. 22 Abs. 1, BörsZulR, Art. 27 Abs. 1 BörsZulProsR und Art. 12 Abs. 1 HalbjahresR sollte die Transformation bereits am 30. Juni 1983 abgeschlossen sein.

235 BGBl. 1986 I, S. 2478.

(1) Die Vorgaben der Börsenzulassungs-Richtlinie werden bereits durch die handelsrechtlichen Rechnungslegungspflichten erfüllt[236]. Der deutsche Gesetzgeber konnte sich insoweit darauf beschränken, eine „angemessene Unterrichtung des Publikums und der Zulassungsstelle" zu verlangen, § 44 Abs. 1 Nr. 3 BörsG, und dem Emittenten vorzuschreiben, den Jahresabschluß „unmittelbar nach der Feststellung dem Publikum zur Verfügung zu stellen", § 65 Abs. 1 BörsZulV.

(2) Dem Antrag auf Zulassung eines Wertpapieres zur amtlichen Notierung an einer Börse ist ein zur Veröffentlichung bestimmter Prospekt beizufügen, der

> „die erforderlichen Angaben enthält, um dem Publikum ein zutreffendes Bild über die Emittenten und die Wertpapiere zu ermöglichen ...", § 36 Abs. 3 Nr. 2 BörsG[237].

Die Bundesregierung wird ermächtigt, die zum Schutz des Publikums erforderlichen Voraussetzungen der Zulassung durch Rechtsverordnung zu bestimmen, § 38 Abs. 1 Nr. 1 BörsG. Der Emittent zur amtlichen Notierung zugelassener Aktien wird in Ausführung der Halbjahresberichtsrichtlinie verpflichtet, innerhalb des Geschäftsjahres mindestens einen Zwischenbericht zu veröffentlichen, § 44 b BörsG.

(3) Wesentliche Neuerung des Börsenzulassungsgesetzes ist die Einführung des „Börsenhandel mit nicht-amtlicher Notierung", §§ 71 bis 77 BörsG, als dritter Marktabschnitt zwischen der „amtlichen Notierung" und dem „Freiverkehr"[238]. Dem Antrag auf Zulassung zum geregelten Markt ist ein Unternehmensbericht zur Veröffentlichung beizufügen,

> „der Angaben über den Emittenten und die Wertpapiere enthält, die für die Anlageentscheidung des Publikums von wesentlicher Bedeutung sind; insbesondere sind Angaben über die Entwicklung des Unternehmens, die laufende Geschäftslage und die Geschäftsaussichten ... aufzunehmen", § 73 Abs. 1 Nr. 2 BörsG.

Den Börsen ist es als Selbstverwaltungsaufgabe übertragen, die nähere Bestimmung der notwendigen Angaben in der Börsenordnung zu treffen, § 72 Abs. 1 BörsG.

b) Börsenzulassungsverordnung

Aufgrund der Ermächtigungen des Börsengesetzes hat die Bundesregierung am 15. 04. 1987 mit Zustimmung des Bundesrats die „Verordnung über die Zulassung von Wertpapieren zur amtlichen Notierung an einer Wertpapier-

---

236 Siehe oben 3. a).

237 Die Entscheidung über die Zulassung zum Börsenhandel mit amtlicher Notierung gem. § 36 Abs. 1 BörsG zählt zu den wichtigsten Selbstverwaltungsaufgaben der Börsen.

238 Zu den Marktsegmenten Schwark, NJW 1987, S. 2042ff.

börse" erlassen[239]. Die Verordnung löst die „Bekanntmachung betreffend die Zulassung von Wertpapieren zum Börsenhandel" aus dem Jahre 1908 ab.

Die Börsenzulassungsverordnung bestimmt in der Generalklausel des § 13 Abs. 1, der Prospekt müsse „über die tatsächlichen und rechtlichen Verhältnisse, die für die Beurteilung der zuzulassenden Wertpapiere wesentlich sind, Auskunft geben und richtig und vollständig sein". Zwar gibt § 13 Abs. 1 BörszulV die Vorgaben des EG-Rechts nur abgeschwächt und unvollständig wieder[240], weitere Angaben über die Vermögens-, Finanz- und Ertragslage des Emittenten fordert jedoch § 21 Abs. 1 BörsZulV: Bei der Emission von Aktien sind die Bilanzen und GuV der letzten drei Geschäftsjahre in dem Prospekt vergleichend darzustellen, § 21 Abs. 1 Z. 1 BörsZulV. Dem Anleger wird es damit ermöglicht, für die letzten zwei Jahre vor der Zulassung Veränderungs- und Bewegungsbilanzen aufzustellen und Kapitalflußrechnungen abzuleiten.

In konsequenter Fortsetzung der Vergleichsmöglichkeiten schreibt § 21 Abs. 1 Z. 2 BörsZulV als weiteren Prospektbestandteil „eine Aufstellung über die Herkunft und Verwendung der Mittel für die letzten drei Geschäftsjahre" und damit eine Kapitalflußrechnung vor. § 21 Abs. 1 Z. 2 BörsZulV verpflichtet als erste deutsche Rechtsvorschrift zur Veröffentlichung einer „Kapitalflußrechnung". Eine bestimmte Gliederung der Kapitalflußrechnung wird nicht vorgeschrieben. Vielmehr läßt § 23 BörsZulV den Emittenten die Wahl zwischen der traditionellen Bewegungsbilanz und der in den USA entwickelten und erprobten Finanzflußrechnung. Die ausdrückliche Verpflichtung, „die wesentlichen Positionen der Veränderungen einzeln und unsaldiert auszuweisen", § 23 BörsZulV, belegt eine wachsende Neigung, die Kapitalflußrechnung zu einer dritten Jahresrechnung auszubauen.

---

[239] BGBl. 1987 I, S. 1234ff.

[240] Schwark, NJW 1987, S. 2041, 2044 und Fn. 25, der jedoch die spezifizierten Erfordernisse des § 21 BörsZulV übersieht.

D. Erweiterung der Rechnungslegung in der Bundesrepublik um eine Kapitalflußrechnung

Mit der Einführung als Pflichtbestandteil des Börsenzulassungsprospektes hat die Börsenzulassungsverordnung die Kapitalflußrechnung in einem Randbereich der Unternehmenspublizität als 3. Jahresrechnung anerkannt. Die möglichen Einsatzbereiche der Kapitalflußrechnung im Rahmen der Rechnungslegung werden durch diese Vorschrift hingegen kaum ausgeschöpft. Das Interesse der Rechnungslegungsadressaten an Finanzdaten ist unvermindert groß, der Jahresabschluß aus Bilanz, GuV und Anhang erfüllt die Zielvorgabe des § 264 Abs. 2 hinsichlich der Finanzlage nur unvollkommen. Die Börsenzulassungsverordnung kann daher nicht Schlußpunkt der rechtlichen Anerkennung der Kapitalflußrechnung sein[1]. Vielmehr eröffnet der vorsichtige Schritt der Börsenzulassungsverordnung Möglichkeiten zu einer Ausdehnung auf weitere Segmente der Publizität.

Richtlinien für eine Erweiterung der Rolle der Kapitalflußrechnung im Rahmen der Unternehmenspublizität lassen sich sowohl aus rechtsvergleichenden als auch aus rechtspolitischen Gesichtspunkten herleiten.

I. Rechtsvergleichende Auswertung

Das Recht der Kapitalflußrechnung in den USA kann für die Rechtsfortbildung in der Bundesrepublik bedeutsam sein. Vor einer Übernahme der Regelungen aus den USA muß jedoch die Übertragbarkeit der US-Vorschriften auf das deutsche Recht positiv festgestellt werden. Eine Übernahme der Regelungen der SEC und insbesondere des AICPA in das deutsche Publizitätsrecht kann nur erwogen werden, soweit nicht strukturelle oder rechtliche Besonderheiten der USA einer Transformation entgegenstehen.

1. Gesellschafts- und börsenrechtliche Publizität

Das Rechnungslegungsrecht der USA läßt sich nicht trennscharf dem Gesellschaftsrecht oder Börsenrecht zuordnen. Zum Ausgleich des Versagens der einzelstaatlichen Gesetzgeber hat das kapitalmarktorientierte Bundesrecht vielfach Aufgaben übernommen, die nach der deutschen Dogmatik dem

---

[1] Für die Kapitalflußrechnung plädierte noch kurz vor der Verabschiedung des Bilanzrichtliniengesetzes Küting, DB 1985, S. 1098 a.E.

Gesellschaftsrecht zufallen. Entsprechend ist das Rechnungslegungsrecht in den USA insgesamt eher auf die Bedürfnisse des Wertpapiermarktes zugeschnitten. In seinem Mittelpunkt steht als Ziel und Auslegungsmaßstab der Anlegerschutz. Die SEC knüpft ihre Registrierungsvorschriften an den öffentlichen Handel mit Anteilsrechten an Unternehmen beliebiger Art, wobei sie allerdings nur den bedeutenden Handel erfassen will.

In der Bundesrepublik tritt neben den Anlegerschutz hingegen der Gläubigerschutz als gleichrangiges Ziel der Publizitätsvorschriften, die darüberhinaus den Schutz zahlreicher weiterer Interessengruppen bezwecken[2]. Die börsenrechtlichen Vorschriften beschränken sich auf die Ergänzung der handelsrechtlichen Rechnungslegung. Auch nach der Neuregelung des Bilanzrichtliniengesetzes gelten die Publizitätsvorschriften grundsätzlich nur für Kapitalgesellschaften. Lediglich das Publizitätsgesetz bezieht seinen Anwendungsbereich aus Größenmerkmalen[3].

2. Strukturen des Jahresabschlusses

In der Bundesrepublik sind Bilanz und GuV nach den Vorschriften des HGB detailliert und tief gegliedert. Durch zusätzliche Angaben in Anhang und auch im Lagebericht werden beide Rechnungen gezielt ergänzt. Der gesetzliche Inhalt des Jahresabschlusses dient der umfassenden Information; seine Form wird mehr von dem Grundsatz der Vollständigkeit, denn von dem Ziel der (Allgemein-)Verständlichkeit geprägt.

In den USA bestimmt hingegen der angelsächsische Rechnungslegungsgrundsatz der „materiality"[4] die Rangfolge „substance over form". Danach ist der wirtschaftlichen Bedeutung eines Vorganges Vorrang vor den Formvorschriften eines Rechenwerkes einzuräumen[5]. Die „Generally Accepted Accounting Principles" schreiben nur ein grob gegliedertes Schema für Bilanz, GuV und das Statement vor. Lediglich die Registrierungsvorschriften der SEC bestimmen für ihren Anwendungsbereich detaillierte Mindestgliederungen der Bilanz und der GuV, die den deutschen Gliederungsvorschriften allerdings ebenbürtig sind[6]. Da sich die Registrierungspflicht jedoch nur auf relativ wenige der US-amerikanischen Unternehmen erstreckt[7], sind die meisten Gesellschaften frei, die Jahresrechnungen zur Verbesserung der Übersicht-

---

[2] Volk, Das Informationsinteresse der Jahresabschlußadressaten, BB 1987, S. 723; speziell zu den Schutzinteressen der Gläubiger und Arbeitnehmer Kirchner, AG 1985, S. 133.

[3] § 1 Abs. 1 Publizitätsgesetz.

[4] Leffson, GoB, S. 180ff.

[5] Kalsinki, aaO, S. 115.

[6] Das Gliederungsschema ist im CFR 17 § 210.5 abgedruckt.

[7] Niehus, AWD des BB 1973, S. 601.

lichkeit nur grob und uneinheitlich zu gliedern. Insbesondere enthalten die Bilanz keine Angaben zur Entwicklung einzelner Bilanzpositionen, wie dies in Deutschland in Form des Anlagegitters oder einer Darstellung der Rücklagenentwicklung vorgeschrieben ist[8]. In den USA gibt der Jahresabschluß daher eine zwar leicht verständliche, aber auch eher oberflächliche Darstellung des Geschäftsverlaufes. Das Funds-Statement entlastet hierbei die GuV, in der Positionen zur Vermeidung von Wiederholungen zusammengefaßt werden können. Die Informationen des Statements erscheinen hierdurch unverzichtbar[9]. Wegen der Vereinfachungen und auch mangels eines einheitlichen Gliederungsschemas bietet der Jahresabschluß jedoch nur relativ wenige Ansatzpunkte für eine Bilanzanalyse[10].

Der Grundsatz des „substance over form" findet sein formelles Gegenstück in flexiblen Verfahrensweisen zur Festlegung der „generally accepted accounting principles" in den USA. Die Kapitalflußrechnung ist aktuell nur durch das Standesrecht der Certified Public Accountants geregelt, das von den autoritativen Institutionen des Berufsverbandes ständig aufmerksam beobachtet und praxisnah fortentwickelt wird. Im Umkehrschluß hindert die Flexibilität des Erlaßverfahrens, daß das FASB Statements No. 95 in einer Verbindlichkeit erwächst, die den Rechnungslegungsvorschriften des HGB vergleichbar wäre.

3. Vertrieb der Aktien

Die US-corporation ist in besondere Weise darauf angelegt, sich über eine Veräußerung ihrer Anteile auf dem freien Kapitalmarkt zu finanzieren. Für die Entscheidungen der Anleger sind überwiegend Renditeerwartungen maßgeblich, selten wird die Anlageentscheidung von einer persönlichen Beziehung zu der corporation bestimmt. Weite Bevölkerungskreise haben Vermögen in Aktien angelegt. Der Wertpapierhandel wird bundesweit an 19 Börsen abgewickelt, daneben floriert, in hunderten über das ganze Land verteilten Brokerbüros ein lebhafter Handel „over the counter".

In der Bundesrepublik ist die am weitesten verbreitete Form der Kapitalgesellschaft die Gesellschaft mit beschränkter Haftung (GmbH). Die außerordentliche Beliebtheit der „Ein-Mann-GmbH" zeigt an, daß sich die GmbH in der Praxis personen- und inhaberbezogen entwickelt hat[11]. Dominierender Grund für die Errichtung einer GmbH ist häufig der Wunsch nach Haftungsbeschränkung bei fortbestehender Herrschaft über das Unternehmen; nur sel-

---

[8] Achtermeyer, DB 1973, S. 1087.

[9] Niehus, aaO, S. 605.

[10] Ähnlich Lück, WPg 1972, S. 268.

[11] Siehe die gesetzliche Anerkennung der „Ein-Mann-GmbH" durch § 1 GmbHG gemäß Gesetz vom 4. 7. 1980, BGBl. I, S. 836.

ten dient die Wahl dieser Rechtsform der Finanzierung durch fremde Kapitalanleger. Allein die Aktiengesellschaften und die Kommanditgesellschaften auf Aktien sind historisch und praktisch darauf ausgerichtet, sich mit Anlagekapital auf dem freien Markt zu finanzieren.

4. Publizität als Werbemittel

Die Kapitalflußrechnung fördert mit zwei Eigenschaften die Eignung des Jahresabschlusses als Informationsträger und Werbemittel: Insbesondere in der Form einer Liquiditätsfondsrechnung stellt sie an das Buchhaltungsverständnis des externen Jahresabschlußadressaten vergleichsweise geringe Anforderungen. Die Abbildung von Geldbewegungen ist anschaulicher, als die Darstellung abstrakt definierter Aufwendungen und Erträge in der GuV. Ein zweiter – psychologischer – Effekt wird durch den Ausweis des Cash Flows („Fondsmittel aus Umsatztätigkeit") innerhalb der Fondsrechnung erzielt: Als Summe aus Gewinn und rückzurechnenden Aufwendungen läßt dieser Betrag die Leistungsfähigkeit des Unternehmens in einem besseren Licht erscheinen. Dies gilt insbesondere bei einem schnellen Wachstum des Unternehmens, wenn hohe Abschreibungen den Gewinn gemindert haben.

Die Konkurrenz der US-corporations um das Anlagekapital macht ihre Jahresabschlüsse zu wichtigen Werbeträgern[12]. Der Jahresabschluß ist als Werbemittel jedoch nur geeignet, wenn er übersichtlich aufgestellt und allgemeinverständlich formuliert ist. Ohne eine umfassende Regelung des Inhalts der Jahresabschlußrechnungen sind die Unternehmen in den USA weitgehend frei, die Übersichtlichkeit durch die Zusammenzufassung von Positionen und eine auf die spezifischen Umstände zugeschnittene Gliederung zu fördern. Die Bedeutung des Jahresabschlusses als Werbemittel erstreckt sich über den Anlagemarkt hinaus bis hin zur Verkaufsförderung und Motivation der Mitarbeiter. Dies mag erklären, daß in den USA die Kosten der Erstellung und Veröffentlichung des Jahresabschlusses keine Rolle zu spielen scheinen.

Die deutschen Unternehmen sind traditionell sehr publizitätsscheu. Die Bedeutung des tief gegliederten deutschen Jahresabschusses als Werbemittel ist entsprechend gering. Seine Form und sein Inhalt werden durch die detaillierten gesetzlichen Vorschriften in einer Weise geregelt, die für eine werbegeeignete Gestaltung auch kaum Spielraum läßt. Soweit deutsche Groß-Unternehmen jedoch den Jahresabschuß als Werbemittel entdeckt haben und freiwillig in großzügig gestalteten Prospekten veröffentlichen, enthalten die Publikationen regelmäßig auch eine Kapitalflußrechnung[13].

---

[12] Zum folgenden Engelmann, ZfB 1966, S. 411f, 414.

[13] Z.B. Schering, Geschäftsbericht 1986, S. 48.

5. Auswertung

Die vorgenannten Kriterien belegen beispielhaft gravierende strukturelle Differenzen zwischen der Rechnungslegung in den USA und in der Bundesrepublik Deutschland[14]. Das Rechnungslegungsrecht der USA ist pragmatisch ausgerichtet, das deutsche wird hingegen durch eine stringente Systematik geprägt. Diese Unterschiede schließen es aus, die Regelungen der Kapitalflußrechnung in den USA in das Recht der Bundesrepublik Deutschland zu übernehmen[15]. Auch das relativ große Interesse der US-Anleger an dem Statement[16] läßt sich auf die Bundesrepublik nicht übertragen.

Die Gründe für eine Fortentwicklung der Kapitalflußrechnung müssen vielmehr aus dem deutschen Rechnungslegungsrecht hergeleitet werden. In diesem Rahmen können die Regelungen in den USA Anregung sein. Die dortigen Erkenntnisse sind zudem als Kontrollinstanz bedeutsam, da der deutschen Publizitätspraxis eigene Erfahrungen weitgehend fehlen.

II. Kodifikation der Kapitalflußrechnung

Für eine Entscheidung über eine gesetzliche Regelung der Kapitalflußrechnung als Pflichtbestandteil des Jahresabschlusses sind dieselben Überlegungen anzustellen, die auch die Ermittlungen eines Grundsatzes ordnungsmäßiger Buchführung tragen müßten. Alle Überlegungen sind daher auf die Frage zu richten, ob die Kapitalflußrechnung den Jahresabschluß durch nützliche und bedeutungsvolle Angaben ergänzen kann[17].

1. Bestimmung von Inhalt und Form

Um den Nutzen der Kapitalflußrechnung bewerten zu können, ist zunächst ihre Form zu bestimmen. Erst eine Konkretisierung von Inhalt und Gliederung läßt den Aussagegehalt der Kapitalflußrechnung hervortreten und ermöglicht seine Beurteilung. Das Erfordernis der Festlegung auf eine bestimmte Gestaltung folgt daneben unmittelbar aus dem Anspruch auf Anerkennung als dritte Jahresrechnung: Als Bestandteil der Rechnungslegung muß sich die Kapitalflußrechnung an dem übergeordneten Rahmengrundsatz der

---

[14] Lück, WPg 1972, S. 261.

[15] Skeptisch zu einer Angleichung der Rechnungslegung in der BRD und in den USA: Karehnke, AG 1972, S. 270f.

[16] Im Jahre 1977 ermittelte die SEC bei der Befragung von fast 5.000 Anlegern, daß 52% an der GuV, 40% an der Bilanz und immerhin 23% an dem Statement of Changes in Financial Position interessiert waren, zitiert bei Reckers / Staliano, Financial Executive April 1980, S. 28.

[17] Siehe oben C. III. 4.

Vergleichbarkeit[18] messen lassen. Das Erfordernis der Vergleichbarkeit mit anderen Gesellschaften sowie zwischen mehreren Rechnungsperioden verlangt ein materiell und formell einheitliches Rechnungsformat der Kapitalflußrechnung[19].

Aus den vielfältigen Erscheinungsformen der Kapitalflußrechnung ist die geeignetste auszuwählen. Ein Konsens über eine einheitliche Gestaltung der Kapitalflußrechnung wurde in Deutschland bislang nicht erreicht[20]. In die Erörterung sind daher sowohl die Fragen nach dem Inhalt des Fonds, der Art und Weise der Ermittlung (direkt oder indirekt) als auch die Wahl einer möglichst aufschlußreichen Gliederung einzubeziehen[21].

a) Der Fondsinhalt

Die Bundesregierung hat sich in der Börsenzulassungsverordnung nicht zwischen der umfassenden Betrachtungsweise der traditionsreichen Bewegungsbilanz und der Beschränkung auf einen Liquiditätsfonds entschieden: § 46 BörsZulV läßt dem Emittenten ausdrücklich die Wahl zwischen beiden Alternativen. Die freie Entscheidung zwischen zwei – in Inhalt und Gliederung – ganz unterschiedlichen Rechnungen ist mit dem Prinzip der Vergleichbarkeit jedoch nicht vereinbar. Die Forderung nach einem möglichst einheitlichen Rechnungsformat zwingt zu einer Entscheidung. Bei der Abwägung zwischen der traditionellen Bewegungsbilanz und dem Fondskonzept sind folgende Gesichtspunkte zu berücksichtigen:

(1) Anforderungen der „Finanzlage“, § 264 Abs. 2

In erster Linie ist die erweiterte Zielbestimmung des § 264 Abs. 2 zu bedenken: Dem neuen Merkmal der „Finanzlage“ entspricht bislang keine dritte Jahresrechnung. Das durch die „Finanzlage“ vorgegebene Ziel ist materiell noch nicht durch eine wirksam verpflichtende Norm abgesichert.

Die Finanzlage läßt sich am treffendsten durch eine Rechnung darstellen, die die Finanzbewegungen der Berichtsperiode dynamisch abbildet[22]. Die

---

[18] Leffson, aaO, S. 179; siehe auch Regazzi, JoAcc April 1974, S. 48; Schoppen, aaO, S. 34 m.w.N.

[19] Kloock, BFuP 1979, S. 479; siehe auch Leffson, aaO, S. 86; ebenso das Ergebnis der Befragung von Acconting-Professoren durch Gibson / Klammer / Reed, aaO, S. 36, 38.

[20] Hieran hat sich seit der Feststellung von Jacobs / Greif, WPg 1974, S. 24 kaum etwas geändert.

[21] Siehe auch die von Kalinski aufgestellten „Grundsätze ordnungsmäßiger Finanzierungsrechnungen“, aaO, S. 112.

[22] Kalinski, aaO, S. 61.

umfassende Darstellung der Veränderungen aller Mittel in einer Bewegungsbilanz kann dieses Merkmal nur teilweise ausfüllen. Denn die Umschichtungen der Mittel vollziehen sich nicht notwendigerweise in Geldgeschäften. Alltägliche Vorgänge wie Verkäufe auf Ratenzahlung oder Wareneinkauf gegen Wechsel führen nicht (unmittelbar) zu Geldzahlungen. Die Bewegungsbilanz übernimmt im übrigen die Abgrenzungs- und Bewertungsprobleme aus dem Jahresabschluß und hat daher nicht mehr Aussagekraft als dieser[23]. Das finanzwirtschaftliche Aussageziel erreicht eine Kapitalflußrechnung nur, wenn sich die Fondsdefinition an dem Überwachungsziel „Liquidität“[24] und der Darstellung des finanziellen Ergebnisses orientiert.

Diese Überlegungen begründen eine einschneidende Konsequenz: Die durch das EG-Recht vorbestimmten Entscheidung für die Darstellung der „Finanzlage“ bricht mit der deutschen Tradition der Bewegungsbilanz. Das Handelsgesetzbuch selbst hat die Zeichen auf die Einführung eines Liquiditätsfonds umgestellt.

(2) Wirtschaftswissenschaftliche Erkenntnisse

Auch die Erkenntnisse der Betriebswirtschaftslehre weisen der Entwicklung den Weg zu einem Geldfonds. Die Bedeutung des nach der dynamischen Lehre ermittelten Gewinns wird heute geringer geschätzt, als noch vor zwanzig Jahren. Mit der Verstärkung der Kritik an der Aussagekraft von Bilanz und GuV hat die Betriebswirtschaftslehre in einer Renaissance der pagatorischen Bilanzauffassung die Bedeutung der Finanzdaten neu entdeckt[25]. Da die meisten Unternehmenskrisen auf Liquiditätsschwierigkeiten beruhen[26], haben publizitätswirksame Konkurse die Bedeutung eines wachsamen Finanzmanagements unterstrichen. Entsprechend richten sich die Empfehlungen der betriebswirtschaftlichen Literatur fast ausnahmslos auf bewertungsfreie[27], liquiditätsorientierte Fonds oder sogar reine Brutto-[28] Geldfonds[29].

---

[23] Jacobs / Greif, WPg 1974, Sp. 23.

[24] Chmielewicz / Caspari, aaO, S. 166.

[25] In diesem Sinne Gebhardt, WPg 1984, S. 482.

[26] Jacobs / Greif, aaO, S. 19.

[27] Statt vieler: Kloock, aaO, S. 479f.

[28] Zur Ungeeignetheit des „Netto-Geldfonds“ Schoppen, aaO, S. 81.

[29] Exemplarisch v. Wysocki, WPg. 1971, S. 622f mit einer Fondsbestimmung anhand der Gliederung des § 151 AktG a. F.; Coenenberg / Schmidt, ZfB 1978, S. 510f; a. A. Jonas, der unter Ablehnung des Fondskonzeptes eine Darstellung aller Mittel fordert, DB 1978, S. 1457, kritisch hierzu wiederum Kalinski, aaO, S. 158ff; Kritik an der „working capital“-Konzeption übt Schoppen, aaO, S. 90ff, 96.

(3) Rechtspolitische Erwägungen

Auch unter rechtspolitischen Gesichtspunkten ist ein Liquiditätsfonds zu wählen: Die Rückkehr zu der Zahlungsmittelebene als dem natürlichen Ausgangspunkt der Buchführung und Rechnungslegung, gestaltet die Rechnung nach der Art einer Kassenbewegungsrechnung. Anhand einer Geldfondsrechnung kann der Buchhalter seinem Chef den Verbleib der zugeflossenen Gelder erklären. Die Anschaulichkeit der Darstellung nicht manipulierbarer Geldbewegungen[30] verwirklicht das Ideal der (Allgemein-)Verständlichkeit durch besondere Anschaulichkeit in hohem Maße. Nachdem sich der Geldfonds in den USA durchgesetzt hat, würde seine Einführung in der Bundesrepublik zusätzlich die internationale Vergleichbarkeit der deutschen Jahresabschlüsse fördern[31].

(4) Kritik am Informationsgehalt

Die Bedeutung einer Jahresrechnung wird ganz wesentlich durch den Informationswert ihres Saldos bestimmt. So wird das große Interesse der Rechnungslegungsadressaten an den Aufwendungen und Erträgen durch ihre Einflußnahme auf den Erfolgsmaßstab „Gewinn" begründet. Der Gewinn läßt sich nach dem „Maximierungsgrundsatz" durch jederman einfach beurteilen. Aufwendungen sind nach dem korrespondierenden Sparsamkeitsgebot zu kritisieren.

In gleicher Weise bestimmt die Bedeutung des Finanzmittelvorrates das Interesse der Jahresabschlußadressaten an den Ursachen der Liquiditätsveränderungen und den Aussagewert einer Geldfondsrechnung. Anders als der Gewinn läßt sich der Liquiditätsbestand jedoch nicht nach einer einfachen Maximierungsregel beurteilen. Im Hinblick auf die Kosten eines großen Geldvorrates – auch im Sinne eines Verzichts auf den Nutzen einer zinsgünstige Anlage oder gewinnbringende Investition – ist die ständige Zahlungsfähigkeit vielmehr grundsätzlich auf einem möglichst niedrigen Geld-Niveau zu sichern. Eine Maximierung des Geldvorrates würde demgegenüber die Rentabilität des Unternehmens verschlechtern[32]. Der Saldo „Zunahme/Abnahme des Netto-Geldvermögens" kann daher ohne zusätzliche Angaben weder positiv noch negativ gewertet werden[33]; er ist nur von geringem Aussagewert[34]. Die

---

30 Diesen Aspekt betonte die Unternehmensrechtskommission, aaO, S. 968 Nr. 1932.

31 Diese Forderung erhebt zu Recht von Wysocki, WPg 1971, S. 622; siehe auch Unternehmensrechtskommission, aaO, S. 969 Nr. 1933.

32 Reichmann in HWB, Sp 1478 zum Stichwort „Finanzplanung".

33 Weber / Tiedau, DB 1984, S. 468: „Ein negativer cash flow darf jedoch nicht negativ gedeutet werden, ebensowenig wie ein positiver cash flow positiv gedeutet werden kann.".

Ursachen des Liquiditätssaldos sind im übrigen heterogener Natur[35], aus einer Liquiditätsfonds-Rechnung lassen sie sich kaum herauslesen.

Rechnungen können jedoch stets nur wenige Aspekte der Unternehmensaktivitäten ausleuchten und müssen alle anderen vernachlässigen[36]. Die ergänzende Darstellung der Zahlungsbewegungen ist von Interesse, da sie den erfolgswirtschaftlich ausgerichteten Jahresabschluß um eine finanzwirtschaftliche Darstellung ergänzt[37]. Den Einwänden gegen die Aussagekraft wird durch eine möglichst aufschlußreiche Gliederung der Rechnung zu begegnen sein.

(5) Bezeichnung

Mit der Beschränkung auf einen Geldfonds scheidet der Begriff der „Kapitalflußrechnung" aus[38]. Es ist vielmehr eine Bezeichnung zu wählen, die eine Beschränkung der Rechnung auf die Darstellung der Finanzmittel deutlich macht. In Betracht kommen insbesondere die Begriffe „Finanzrechnung"[39] und „Finanzflußrechnung"[40]. Anders als der an sich noch anschaulichere Terminus „Geldflußrechnung" öffnen diese Bezeichnungen den Fonds für geldähnliche Vermögensgegenstände, z.B. jederzeit liquidierbare Wertpapiere mit feststellbarem Kurs. In dieser Arbeit wird aus der Börsenzulassungsverordnung die Bezeichnung „Finanzflußrechnung" übernommen, da dieser Begriff die dogmatische Verwandschaft zu dem Oberbegriff „Kapitalflußrechnung" am besten deutlich macht.

b) Die Gliederung

Alle Bemühungen, eine leicht verständliche Form der Darstellung zu finden, waren bislang nicht von dem Erfolg eines in Literatur und Praxis anerkannten einheitlichen Formates gekrönt. Die Form verfolgt keinen selbständigen Zweck, sie soll lediglich das Informationsziel des Jahresabschlusses durch eine zweckentsprechende Gliederung der Daten unterstützen[41]. Nach der Festlegung des Rechnungszieles auf die Darstellung der Finanzbewegungen kann das diesem Ziel angemessene Format bestimmt werden.

---

34 Weber, DB 1979, S. 612f.

35 Kritisch in diesem Sinne bereits Käfer, Praxis, S. 27.

36 Arthur Stone Dewing, zitiert bei Heath, JoAcc Oktober 1978, S. 95.

37 Für den Cash Flow: Lachnit, ZfBF 1973, S. 73.

38 Siehe oben, A. II. 2. b).

39 Chmielewicz / Caspari, aaO, S. 157.

40 So § 23 BörsZulVO.

41 Bereits Vatter, The Fund Theory of Accounting, Chicago 1947, S. 77, stellte zutreffend fest: „To determine what concept of income is most generally usefull, is futile; uses are specific, not general!".

Die Finanzflußrechnung soll die Liquiditätsveränderung als Saldo ihrer Ursachen ausweisen und auf diese Weise erklären. Bei der Darstellung der Ursachen ist allerdings besonders zu berücksichtigen, daß eine Vergrößerung des Liquiditätsvorrates nicht Unternehmensziel ist. Ein Zuwachs an Liquidität ist daher ebensowenig positiv zu beurteilen, wie eine Verminderung negativ gewertet werden kann[42]. Von einer Gliederung ist daher insbesondere zu erwarten, daß sie interpretationsfähige Salden ausweist.

Die Interpretationsprobleme haben ihre Wurzel in einer Vermischung der Einflußfaktoren auf den Finanzmittelbestand. Ob DM 10.000 als Kaufpreis für Umlaufvermögen vereinnahmt werden oder ob ein Kredit in gleicher Höhe aufgenommen wird, die finanzielle Wirkung ist (im Zeitpunkt des Geldeinganges) dieselbe. Die Verwirrung löst sich auf, wenn die Ursachen der Veränderung getrennt nach ihrer Herkunft aus

(1) Geschäftstätigkeit,
(2) Investitionen oder
(3) Finanzierungen

dargestellt werden. Ein durch die Geschäftstätigkeit erzielter Finanzüberschuß ist stets positiv zu bewerten, für seine Interpretation gilt die einfache Maximierungsregel. Die ausgegliederten Finanzmittelveränderungen aus Investitionen und Finanzierungen ermöglichen ergänzend eine Analyse dieser Ursachen.

Aus dieser Unterteilung folgt die Gliederung der Finanzflußrechnung nach dem sogen. „Aktivformat", das von der jüngeren Literatur in Deutschland gefordert wird[43]. Diese Forderung mag davon beeinflußt sein, daß in den USA im Anschluß an Heath bereits seit dem Jahre 1978 die 1987 in das „Statement of Cash flows" aufgenommene Unterscheidung diskutiert wurde[44].

c) Originäre oder derivative Ermittlung

In den USA hat das FASB Statement No. 95 den Certified Public Accountants die Aufstellung des obligatorischen Funds-Statements erstmals aus direkt ermittelten Daten empfohlen. Die Wahl der traditionellen indirekten Methode durch Rückrechnung bleibt jedoch weiterhin zulässig[45]. Diese Ent-

---

[42] Siehe oben D. II. 1. d).

[43] Vgl. das von Kloock vorgeschlagene Format, aaO, S. 410 sowie die Gliederung der Finanzierungsbeitragsrechnung bei Kalinski, aaO, S. 184. Die Gliederungspositionen „Anlageinvestitionen und Außenfinanzierung" finden sich bereits in den richtungsweisenden Aufsätzen von Busse von Colbe, aaO, S. 98 und 99ff, Coenenberg / Schmidt, aaO, S. 511 m.w.N. und von Wysocki, WPg 1971, S. 623; kritisch Schoppen, aaO, S. 107f.

[44] Siehe oben B. IV. 3. b).

[45] Siehe oben B. III. 3. b) (4).

scheidung ist in den USA vor dem Hintergrund einer ausgewogenden Aufgabenverteilung zwischen den drei Jahresrechnungen eine sicherlich praktikable Lösung.

In dem detailliert geregelten deutschen System der Rechnungslegung und Publizität spricht die Frage nach der direkten oder indirekten Ermittlung hingegen das Kernproblem der Finanzflußrechnung überhaupt an: Ist die Kapitalflußrechnung eine selbständige Jahresrechnung mit eigenständigen Aussagen? Oder ist die Finanzflußrechnung auf eine Analyse der bereits bekannten Daten des Jahresabschlusses beschränkt, die sie lediglich umstellt und anders interpretiert?

(1) Ableitung aus dem Jahresabschluß

Externe Bilanzanalytiker können die Finanzflußrechnung mittelbar aus den Zahlen der Bewegungsbilanz und der GuV ableiten[46]. Die Bewegungsbilanz ist zwar kein (Pflicht-)Bestandteil des Jahresabschlusses, sie läßt sich jedoch leicht aus der Bilanz erstellen, wenn man die gemäß § 265 Abs. 2 angegebenen Zahlen der Vorjahresbilanz mit heranzieht[47]. Von Wysocki hat zutreffend festgestellt „die indirekte Erfassung laufe auf eine Rückrechnung hinaus"[48]; Jacobs/Greif bezeichnen die Veröffentlichung von Bewegungsbilanzen als „Scheinpublizität"[49].

Ein weiterer Nachteil der indirekten Ermittlung ist, daß ein Teil der Rückrechnungen falsche Vorstellungen weckt, aus welchen Quellen die Fondsmittel stammen und wie sie verwendet wurden. Insbesondere ist es mißverständlich[50] und irreführend, die Abschreibungen als eine Fonds-Quelle auszuweisen, obwohl sie fondsneutral sind[51].

Trotz der buchungstechnischen Verknüpfung der Jahresrechnungen[52] führt die indirekte Ermittlung nicht in allen Fällen zurück zu den tatsächlichen Geldbewegungen. Für einige Bilanzpositionen läßt sich die Rückrechnung

---

46 Ausführlich Weber / Tiedau, DB 1984, S. 465ff, 518ff; Rückle leitet aus der Forderung des Gesetzgebers nach einem fairen Bild der Finanzlage ab, daß Bilanz und insbesondere GuV die Möglichkeit für die externe Aufstellung einer hinreichend genauen Kapitalflußrechnung geben müssen, aaO, S. 181.

47 So ausdrücklich: Achtermeyer, aaO, S. 1087f; Chmielewicz / Caspari, aaO, S. 163, 165; Weber / Tiedau, DB 1984, S. 465; ähnlich : v. Wysocki, WPg 1971, S. 620 Z. 2 a.E. und Kloock, BFuP 1979, S. 481; siehe auch Chmielewicz in HWF, Sp. 616ff, 625 sowie Busse von Colbe, aaO, S. 99.

48 Von Wysocki, WPg 1976, S. 22.

49 Jacobs / Greif, WPg 1974, S. 23f.

50 In diesem Sinne: Lachnit, ZfB 1973, S. 59; Coenenberg / Schmidt, aaO, S. 510.

51 Unterausschuß des „Committee on Financial Accounting Standards" des Hochschullehrerverbandes „American Accounting Association", Accounting Review 1977, S. 202 a.E.; Heath, JoAcc Oktober 1978, S. 94, 99.

52 Siehe oben A. I. 2. c).

nicht korrekt vollziehen[53], die indirekt ermittelte Kapitalflußrechnung ist daher in vielen Fällen ungenau[54] oder gibt die Zahlungsbewegungen verzerrt wieder[55]. Ein Bruttoausweis, also z. B. die Information, ob Rohstoffe gegen Barzahlung oder auf Kredit erworben wurden, läßt sich nur bei interner Aufstellung verwirklichen[56]. Häufig leidet die Ermittlung des Innenfinanzierungspotentials auch darunter, daß der Jahresüberschuß/-fehlbetrag nicht um alle zahlungsunwirksamen Aufwendungen und Erträge korrigiert wird[57].

In der Praxis erfreut sich die indirekte Methode sowohl in der Bundesrepublik als auch in den USA[58] großer Beliebtheit. Von der Literatur wird sie jedoch überwiegend abgelehnt, da sie sowohl dem Erfordernis der Richtigkeit als auch dem Grundsatz der Klarheit widerspricht[59].

(2) Erstellung aus Zahlungsbuchungen

Thoms hat dem unternehmensinternen Aufsteller des Jahresabschlusses aufgezeigt, wie die Finanzflußrechnung unmittelbar aus den originären Daten der Buchhaltung abzuleiten ist[60]. Hierzu werden innerhalb des Systems der doppelten Buchführung die Konten in drei Ebenen unterteilt:

- Konten der Zahlungsmittelebene
- Konten der Erfolgsebene
- Konten der Vermögens- und Kapitalebene

In diesem „Finanzierungs-Bilanz-Erfolgsrechnungs-System"[61] lassen sich alle Geschäftsvorfälle erfassen[62]. Die direkt ermittelte Finanzflußrechnung wird in der handelsrechtliche Literatur favorisiert[63].

---

[53] Zu der Position „Kapitalerhöhungen aus Gesellschaftsmitteln" siehe Chmielewicz / Caspari, aaO, S. 160 m.w.N.

[54] Busse von Colbe in HWR, Sp. 897 zum Stichwort „Kapital- und Finanzflußrechnung"; Unterausschuß des „Committee on Financial Accounting Standards", aaO, S. 199, 201.

[55] Gebhardt, aaO, S. 485.

[56] Kalinski, aaO, S. 113f, 160.

[57] Kalinski, aaO, S. 157 m.w.N.

[58] Noch 1978 ermittelten von 600 untersuchten Firmen 599 den „funds provided from oerations" nach der „add back-" Methode, Accounting Trends and Techniques 1979 zitiert bei Fiflis / Kripke / Forster, Accounting for Business Lawyers, S. 528; siehe auch oben Teil B. Anm. IV. 3. b) (4).

[59] Schoppen, aaO, S. 99.

[60] Thoms, Die Buchhaltung als Instrument der Planungsrechnung, Herne 1960 und ders., Die funktionale Planungsrechnung, ZfB 1962, S. 625, beide zitiert bei Achtermeyer, DB 1973, S. 1089; ähnlich Gebhardt, aaO, S. 488; skeptisch hingegen Forster, ZGR Sonderheft 2, S. 63f.

[61] Chmielewicz in HWF, Sp. 616ff; Kalsinki, S. 173ff; siehe auch Käfer in HWF, Sp. 809ff zum Stichwort „Kapital- und Finanzflußrechnung".

[62] Kloock, aaO, S. 479; Kalinski, aaO, S. 173.

Auch die unmittelbare Finanzflußrechnung wird jedoch in das Spannungsverhältnis zwischen Jahresrechnung und Jahresabschlußanalyse hineingezogen: Die Aufstellung einer unmittelbaren Finanzflußrechnung ist verhältnismäßig aufwendig. Die auf die Erstellung erfolgsorientierter Jahresabschlüsse ausgerichten Buchhaltungsabteilungen tun sich schwer, ihren Datenfluß zur Erstellung einer dritten, bewertungsfreien Rechnung umzuorganisieren[64]. Eine Mehrfachauswertung des Datenmaterials mag mit Hilfe moderner elektronischer Datenverarbeitung effizient möglich sein[65]. Die durch sie verursachten zusätzlichen Aufwendungen müssen jedoch durch den Nutzen zusätzlicher Informationen gerechtfertigt werden[66]. Die derivative Finanzflußrechnung tritt damit unter ökonomischen Gesichtspunkten in Konkurrenz zu ihrer genaueren[67], aber auch aufwendigeren unmittelbar aufgestellten Schwester.

Wer für eine Kapitalflußrechnung als Pflichtbestandteil des Jahresabschlusses eintritt, befinden sich damit in einer Zwickmühle: Begnügt er sich mit der indirekten Ableitung, so kann die Finanzflußrechnung nur als Jahresabschlußanalyse und mit allen daraus folgenden Beschränkungen Eingang in die Rechnungslegung finden. Fordert er aber eine direkte Herleitung, so muß sich die Finanzflußrechnung entgegenhalten lassen, bei relativ hohen Kosten nur wenige neue Informationen anbieten zu können. Es wird spürbar, daß die handelsrechtlichen Rechnungslegungsvorschriften die Informationsinteressen bereits dicht bis an die Grenze des Darstellbaren befriedigen. Ist bei diesem Dilemma die Finanzflußrechnung für die Rechnungslegung überhaupt nutzbar zu machen?

2. Handels- und börsenrechtliches Rechnungslegungsrecht

Bei den weiteren Überlegungen über eine Kodifikation der Kapitalflußrechnung ist aufgrund struktureller Unterschiede zwischen dem handelsrechtlichen und dem börsenrechtlichen Rechnungslegungsrecht zu differenzieren.

---

63 Die Forderung nach unmittelbarer Datenermittlung erheben u.a.: Coenenberg / Schmidt, ZfB 1978, S. 510; Chmielewicz / Caspari, aaO, S. 165f; Busse von Colbe in HWR, Sp. 897; Kloock, aaO, S. 477; Gebhardt, aaO, S. 488; Kalinski, aaO, S. 157, 165.

64 Chmielewicz / Caspari, aaO, S. 165f m.w.N.; von Wysocki, WPg 1976, S. 21.

65 So Gebhardt, aaO, S. 488; Blum, DSWR April 1982, S. 75ff.

66 Gebhardt, aaO, S. 489.

67 Chmielewicz / Caspari bezeichnen indirekte und direkte Ermittlungen sogar als „im Prinzip gleichwertig" und meinen, bei der Wahl zwischen beiden gehe es nur um den „zweckmäßigsten Ermittlungsweg", DBW 1985, S. 166; diese Ansicht kann jedoch nicht als h.M. angesehen werden, vergleiche die Anmerkungen 51 bis 54.

a) *Handels- und Gesellschaftsrecht*

Der Jahresabschluß einer Kapitalgesellschaft ist ein geschlossenes, in sich abgestimmtes Rechenwerk, dessen Inhalt und Gliederung bereits durch die ausdrücklichen Vorschriften des Handelsgesetzbuches detailliert beschrieben wird. In dem stringent durchdachten Zahlenwerk haben die Bilanz, GuV und Anhang ausgewogene Informationsaufgaben. Dieses System ist nicht nur weniger flexibel als der Jahresabschluß in den USA, aus seiner Geschlossenheit ist für den handelsrechtlichen Jahresabschluß auch ein „Wiederholungsverbot" als übergeordneter Grundsatz abzuleiten. Der Jahresabschluß will informieren und nicht – sich selbst – interpretieren oder analysieren. Nur in seinem äußeren Randbereich ist das Wiederholungsverbot seit dem Bilanzrichtliniengesetz durch die Pflicht zur Angabe der Vorjahreszahlen eingeschränkt, § 265 Abs. 2 lit. c.

(1) Mittelbare Finanzflußrechnung

Die derivative Finanzflußrechnung ist damit als Bilanzanalyse von der Eingliederung in den handelsrechtlichen Jahresabschluß ausgeschlossen[68]. Als dritte Jahresrechnung ließe sie sich nur vertreten, wenn nach dem Vorbild der USA die Finanzflußrechnung den übrigen Jahresabschluß entlasten würde. Der geringe Zugewinn an Informationen könnte einen derartig schweren Eingriff in den traditionell gefügten und von der Praxis angenommenen Jahresabschluß jedoch kaum rechtfertigen. Ein neues Ordnungssystem für den Jahresabschluß ist bislang weder vorgeschlagen noch erkennbar.

Für die handelsrechtliche Rechnungslegung sind auch keine Gründe erkennbar, das Wiederholungsverbot aufzugeben. Soweit der Analyseeinwand inzident einen Vorrang der GuV vor der Finanzflußrechnung unterstellt, wird diese der dynamischen Bilanzlehre entsprechende Wertung allerdings durch die Forderung des § 264 Abs. 2 nach gleichrangiger Darstellung der Finanz- und Ertragslage in Frage gestellt.

(2) Direkte Finanzflußrechnung

Gegen die direkt ermittelte Finanzflußrechnung läßt sich der Analyseeinwand nur modifiziert erheben: Die direkte Finanzflußrechnung ist nicht bloße Jahresabschlußanalyse, denn sie wird unmittelbar aus den originären Geldbewegungen aufgestellt. Sie ließe sich aber – als mittelbare Finanzflußrechnung – zumindest näherungsweise aus den Pflichtangaben des Jahresabschlusses ableiten.

---

[68] Nach Kloock verletzt die indirekte Kapitallflußrechnung das Ziel, den Jahresabschluß um zusätzliche Informationen zu ergänzen, aaO, S. 481.

(3) Gesetzliche Regelung

Die Widersprüchlichkeit der Zielbestimmung des § 264 Abs. 2 stellt sich bei genauerer Betrachtung als Ausdruck eines in der Sache selbst liegenden Konfliktes dar: Eine Entscheidung zur Einführung hätte dem noch nicht beendeten Prozeß einer kritischen Überprüfung[69] der Kapitalflußrechnung vorgegriffen. Insbesondere fehlt für die direkte Finanzflußrechnung noch eine tragfähige Untersuchung, die die Kosten der Aufstellung und Publikation dem Zugewinn an Informationen gegenüberstellt.

Im Handelsrecht wird die „rechtstatsächliche Entwicklung" in besonderem Maße in die Überlegungen des Gesetzgebers einbezogen[70]. Auch die tatsächliche Übung der Unternehmenspraxis bietet bis heute jedoch keine Ansatzpunkte für eine gesetzliche Regelung der Kapitalflußrechnung. In den maßgeblichen Kaufmannskreisen kann eine allgemeine weitverbreitete Überzeugung von der Notwendigkeit einer Kapitalflußrechnungen bislang gerade nicht festgestellt werden[71]. Die Praxis der Veröffentlichung einer Kapitalflußrechnung im Rahmen des Jahresabschlusses ist weiterhin auf die großen börsennotierten Aktiengesellschaften beschränkt. Sowohl Publikation als auch interne Aufstellung betreffen zumindest ganz überwiegend Rechnungen, die aus den übrigen Daten des Jahresabschlusses ermittelt wurden und auf dem Prinzip der Rückrechnung beruhen[72]. Eine Kapitalflußrechnung oder gar eine Finanzflußrechnung, die den Grundsätzen der direkten Ermittlung genügt, ist in der Praxis bislang nicht anzutreffen[73].

Das ungelöste Problem der Abgrenzung zur Bilanzanalyse hindert damit eine Rezeption der Kapital- oder Finanzflußrechnung als dritte Jahresrechnung. Erst wenn sich in der wissenschaftlichen Diskussion ein Konsens über den Nutzen und die Form der Kapitalflußrechnung herausgebildet hat und dieser in der Publizitätspraxis Verbreitung gefunden hat[74], eröffnet sich dem Gesetzgeber eine Option zu einer gesetzlichen Regelung[75]. Für eine Über-

---

69 Hierzu Leffson, GoB, S. 30.

70 Exemplarisch: Die Begründung zum EHGB, BT-Drucks. 10/317, S. 67 linke Sp.

71 Jonas, DB 1978, S. 1457.

72 HFA 1/1978, WPg 1978, S. 207; Busse von Colbe in HWR zum Stichwort „Kapital- und Finanzflußrechnung", Sp. 897f.

73 Gebhardt, aaO, S. 483; Chmielewicz / Caspari haben in den Geschäftsberichten des Jahres 1980 der 100 größten Industrieunternehmen der Bundesrepublik überwiegend Bewegungsbilanzen, vereinzelt Cash-flow-Rückrechnungen, in keinem Fall jedoch eine alle Finanzbewegungen umfassenden Kapitalflußrechnung vorgefunden; siehe auch oben C. I. 3. a. E.

74 Zum Problem des Konsenses: Leffson, GoB, S. 147ff.

75 Für die USA prognostizierte Regazzi zutreffend ein im Vergleich zu der Bildung von Bilanz und GuV schnelles Entwicklungstempo, JoAcc April 1974, S. 49 . In der Bundesrepublik wird die weitere Verbreitung der Kapitalflußrechnung jedoch bislang durch eine starke Zurückhaltung der Unternehmen gebremst; Kloock, aaO, S. 483, hielt die Diskussion 1979 für noch nicht abgeschlossen; ebenso Gebhardt, aaO, S. 491.

gangsphase käme sodann eine Beschränkung auf „große“ Kapitalgesellschaften i.S.d. § 267 Abs. 2[76] sowie die Veröffentlichung im Rahmen des Lageberichtes in Frage.

Der vorläufig hinzunehmende Verzicht auf eine gesonderte Jahresrechnung zur Darstellung der Finanzlage erscheint auch vertretbar: Die Pflichtbestandteile des Jahresabschlusses decken das neue Merkmal bereits durch viele Einzelinformationen und Indizien zumindest teilweise ab. Wirtschaftswissenschaften und bilanzrechtliche Lehre bleiben jedoch durch die Zielbestimmung des § 264 Abs. 2 aufgefordert, die Finanzflußrechnung als Mittel zur Darstellung der Finanzlage weiterzuentwickeln.

b) Kapitalmarktrechtliche Rechnungslegung

Die Bedeutung des Kapitalmarktrechts für die Rechnungslegung ist in Deutschland auf eine Ergänzung der handelsrechtlichen Bestimmungen beschränkt.

(1) Kapitalmarktrechtliche Besonderheiten

Einige kapitalmarktrechtlichen Besonderheiten bieten für die Überlegungen einer gesetzlichen Regelung der Kapitalflußrechnung zusätzliche Ansatzpunkte.

(a) Das Börsenrecht hat die strikte Ausgrenzung der Bilanzanalyse für das Börsenprospekt bereits aufgegeben. Um den potentiellen Erwerbern der Aktien ein zuverlässiges Urteil über die Ertragsaussichten der emittierenden Gesellschaft und die Wertbeständigkeit der Anteilscheine zu ermöglichen, verlangt die Börsenzulassungsverordnung über die Kennziffern „Ergebnis“ und „Dividende je Aktie“, § 25 BörsZlV, hinaus auch eine Aufstellung über die Herkunft und Verwendung der Mittel, § 21 Abs. 1 Nr. 1 u. 2 BörsZlV. Mit diesen Regelungen hat der Gesetzgeber ein Stück Bilanzanalyse als Bestandteil des Börsenzulassungsprospektes gesetzlich vorgeschrieben. Eine weitere Öffnung des Börsenrechts für Formen der Bilanzanalyse erscheint möglich und sinnvoll.

(b) Das Rechnungslegungsrecht in den USA trägt den Schutzinteressen der Anleger in besonderer Weise Rechnung: Die besonderen Prospekt- und Registrierungspflichten gegenüber der SEC knüpfen sich an die Inanspruchnahme des Kapitalmarktes. In Deutschland enthält hingegen ausschließlich das Recht der Börsen besondere Anlegerschutznormen[77]. Die börsenrechtlichen Publizi-

[76] Forster, ZGR Sonderheft 2, S. 63f.
[77] Ähnlich Jacobs / Greif, aaO, S. 20f.

tätsvorschriften gelten nur für die an einer Börse amtlich notierten Wertpapiere.

Diese Beschränkung ist hingegen dogmatisch zweifelhaft. Bereits mit dem freien Handel der Anteile an einer Kapitalgesellschaft – und nicht erst mit ihrer Börsenzulassung – ändert sich das Schutzbedürfnis der Anteilseigner. Das Interesse an Kontrolle und Rechnungslegung folgt nicht mehr allein aus der Trennung von Eigentum und Herrschaft. Die Kapitalgesellschaft tritt vielmehr zu anderen Unternehmen in Konkurrenz um das begrenzte Kapital der Anleger.

Die Anleger wiederum suchen nach dem „besten" Anteilsschein. Da eine Liquidation der Gesellschaft normalerweise nicht in der Macht der Gesellschafter liegt, entscheidet bei der Beurteilung durch die Anleger weniger eine Bewertung des Vermögens. Das Interesse des Anlegers beschränkt sich üblicherweise darauf, für sich einen möglichst hohen Vorteil in Form von Dividenden und Wertbeständigkeit des Papiers zu erhalten[78]. Entscheidend ist daher eine prognostische Beurteilung der Fähigkeiten der Gesellschaft, Gewinne zu erwirtschaften und möglichst hohe Ausschüttungen vorzunehmen[79].

Allein um dieses Vorteils willen stellt der durchschnittliche Anleger sein Geld als Risikokapital zur Verfügung. Sein besonderes Informationsinteresse ergibt sich damit aus dem Umstand, daß er seine Anlageentscheidung wohlbegründet fällen und sodann ständig kontrollieren möchte, ob er sein Risikokapital wieder zurückzieht[80]. Für dieses besondere Informationsinteresse kann der Anleger aus den Gesichtspunkten der Sachnähe sowie der durch die Emission zurechenbar gesetzten Gefährdung des Anlagekapitals in Anspruch genommen werden.

Der Kapitalmarkt kann seine volkswirtschaftlich bedeutenden Aufgaben nur erfüllen und eine breite Streuung des Kapitalbesitzes fördern[81], wenn die Anleger ihre Geschäfte in einer Atmosphäre des Vertrauens abwickeln können. Grundbedingung für das Vertrauen weiter Bevölkerungskreise zur Wertpapieranlage sind hinreichende Informations- und Offenlegungspflichten der Emittenten[82]. Zu diesem Zweck sind Regelungen anzustreben, die gegenüber den (potentiellen) Anlegern zur Aufdeckung aller wertbestimmenden Faktoren verpflichten.

---

[78] Kripke, aaO, S. 216.

[79] Ausführlich Heller, aaO, S. 91ff m.w.N.

[80] Für amtlich notierte Aktien schützen dieses Interesse bereits § 44 a BörsenG.

[81] Den gesamtwirtschaftliche Bezug des Börsenrechts unterstrich die Novelle 1975 zum Börsengesetz: In der Regierungsbegründung wurden die Börsen erstmals als Instrument der Vermögenspolitik der Bundesregierung verstanden, BT-Drucks. VI/1683, S. 7, hierzu Schwark, Börsengesetz, Einl. Rdn. 53; siehe auch Bremer, BB 1965, S. 997 mit einem Hinweis auf Flume, DB 1965, S. 405f.

[82] So auch Klages, Die Richtlinie der EG über den Börsenzulassungsprospekt, S. 29.

(c) An die (Allgemein-) Verständlichkeit der Rechnungslegung sind besonders strenge Anforderungen zu stellen, wenn die Anteile an dem Unternehmen „frei gehandelt" werden[83]. Ihre Anschaulichkeit und Verständlichkeit[84] qualifiziert die Geldfluß- bzw. Geldfondsrechnung in besonderer Weise, die Anleger als fachlich nicht vorgebildete Öffentlichkeit in verständlicher Weise über das betriebliche Geschehen zu informieren. Das große Interesse des Anlegerpublikums an der Finanzlage wird durch jüngere theoretische und empirische Untersuchungen erneut belegt[85].

(2) Ausdehnung der kapitalmarktrechtlichen Publizität

Für einen zusätzlichen Einsatz der Kapital- bzw Finanzflußrechnung bieten sich im Rahmen der kapitalmarktrechtlichen Publizität zwei Möglichkeiten.

(a) Folgt man der Börsenzulassungsverordnung in ihrer Beschränkung auf den amtlichen Börsenverkehr, so liegt die Einführung der Kapitalflußrechnung als Pflichtbestandteil jedes Jahresabschlusses nahe. Eine solche Regelung wäre in die §§ 63 ff BörsZulV einzufügen und könnte auf § 23 BörsZulV Bezug nehmen.

(b) Es ist jedoch fraglich, ob die historische Beschränkung der Prospektpflicht auf die amtliche Börsennotierung Bestand haben kann.

In den USA dürfen Wertpapiere den Anlegern nur anhand eines Prospektes öffentlich zum Kauf angeboten werden. In Deutschland ist das nicht der Fall. Gleichgültig, ob es sich um Aktien, Obligationen oder Junge Aktien aus Kapitalerhöhungen bzw. Beteiligungen handelt, der Verkauf d. h. insbesondere die Erstplazierung findet in beliebigen Formen statt, die dem plazierenden Institut nicht vorgeschrieben sind. Ein Zwang, der Öffentlichkeit ein Prospekt vorzulegen, besteht in Deutschland erst dann, wenn ein Wertpapier zur Notierung an der Börse zugelassen werden soll. Für Aktien, die nicht an der Börse eingeführt werden, besteht keine gesetzlich vorgeschriebene Notwendigkeit zur Ausfertigung eines Prospekts[86].

Ein sachlicher Grund für diese Beschränkung ist hingegen kaum erkennbar. Ob eine Aktie amtlich notiert oder im freien bzw. geregelten Markt gehandelt wird, berührt weder das Informationsinteresse noch die Schutzbedürftigkeit eines Anlegers. Eine pragmatischen Ausrichtung der wertpapierrechtlichen

---

[83] Für die Inanspruchnahme des Kapitalmarktes als Kriterium: Forster, aaO, S. 59; eine Kapitalflußrechnung für alle Publikumsgesellschaften regte Niehus an, BFuP 1979, S. 32f.

[84] Die Bedeutung der Verständlichkeit und Nachvollziehbarkeit betont Regazzi, JoAcc 1974, S. 49.

[85] Zitate bei Häusler / Holzer, DB 1988, S. 1407.

[86] Zahn, ZGR 1981, S. 119.

Publizität auf die Anlegerschutzinteressen erfordert daher, die Prospektpflicht über die traditionellen Grenzen des amtlichen Börsenhandels auf den neu eingeführten Börsenhandel mit nichtamtlicher Notierung und den Freiverkehr auszudehnen. Eine Ausdehnung der Prospektpflicht auf alle frei gehandelten Anteilspapiere projektiert auch der geänderte Vorschlag einer EG-Richtlinie über den Emissionsprospekt vom 19. Juli 1982[87].

III. Die prospektive Kapitalflußrechnung

In der betriebswirtschaftlichen Literatur wird in jüngerer Zeit zunehmend verlangt, zukunftsbezogene Informationen über die finanzielle Entwicklung in den Jahresabschluß einzubeziehen[88]. Aus der unbestimmten Formulierung des § 264 Abs. 2 kann eine Verpflichtung zur Aufstellung einer prospektiven Kapitalflußrechnung nicht abgeleitet werden. Hingegen empfiehlt sich die prospektive Finanzflußrechnung für eine Regelung de lege ferenda.

1. Das Interesse an der zukünftigen Entwicklung

Insbesondere die Gesellschafter einer Publikumskapitalgesellschaft sind typischerweise weniger an den Vergangenheitsdaten, denn an einer Prognose der zukünftigen Entwicklung des Unternehmens interessiert. Die zukünftige Entwicklung entscheidet über das ausschüttungsfähige Jahresergebnis und bestimmt den Marktpreis der Beteiligung[89].

Dem Ergebnis des letzten Berichtsjahres kann für die zukünftige Entwicklung nur eine sehr beschränkte Indizwirkung beigemessen werden[90], weil der Jahresabschluß seinen externen Adressaten nicht zeitnah nach dem Ende der Berichtsperiode zur Verfügung gestellt wird. Wenn der geprüfte und von den Gesellschaftern verabschiedete Jahresabschluß nach 9 bzw. 12 Monate beim Handelsregister eingereicht wird[91], ist er häufig schon veraltet[92] und als Basis für eine Fortschreibung der Entwicklung in die Zukunft kaum noch geeignet. Mit ihren bewertungsfreien Ansätze wäre eine Finanzflußrechnung binnen kurzer Frist aufzustellen und daher als Planungs- und Prognoserechnung besonders geeignet.

---

[87] Siehe oben C. IV. 3. b).

[88] Rückle in HURB, S. 172, 177; ähnlich Strobel in HWB, Sp. 2122.

[89] Ähnlich Busse von Colbe, Prognosepublizität von Aktiengesellschaften, Festschrift für Karl Käfer, 1968, S. 93ff.

[90] Zu den Prognoseelementen im Jahresabschluß und Geschäftsbericht nach dem AktG 1965: Busse von Colbe, Festschrift, S. 96ff.

[91] Vgl. §§ 325 Abs. 1 S. 1 und 326 S. 1.

[92] Kropff in Geßler u. a., Kommentar zum AktG, 1973, Vorbem. Rdn. 11.

2. Die Tradition der Rechenschaftslegung

Traditionell ist der Jahresabschluß ein Instrument zur Rechenschaftslegung über eine abgeschlossene Berichtsperiode[93]. Diese Beschränkung wird allerdings mehr und mehr zum „alten Zopf", seit sich Betriebswirtschaftslehre und Praxis der Unternehmen anschicken, Finanzpläne als Prognoserechnungen mit zufriedenstellender Zuverlässigkeit zur Verfügung zu stellen. Bereits vor dem Bilanzrichtliniengesetz wurde die Zweckmäßigkeit externer, also veröffentlichter Prognosen als Bestandteil des aktienrechtlichen Jahresabschlusses erörtert[94]. Die neue Zielbestimmung des § 264 Abs. 2 verlangt nicht die Veröffentlichung von Finanzplänen oder prospektiven Kapitalflußrechnungen[95].

Auf Dauer wird das Rechnungslegungsrecht sich diesen bislang nur unternehmensintern genutzten Verbesserungen kaum verschließen können. Eine externe Verwendung zur Information der Jahresabschlußadressaten setzt allerdings eine mit wissenschaftlichen Mitteln messbare Zuverlässigkeit der Prognose voraus. Die Probleme der Prüfbarkeit von Prognoserechnungen sind bereits seit einigen Jahren in den Mittelpunkt einer Diskussion gerückt[96]. Drängend erscheinen insbesondere die Fragen nach der Verantwortlichkeit für die Pläne[97] und einer Haftung der Abschlußprüfer. Aus den gesteigerten Anforderungen der Formulierung des § 264 Abs. 2 wird für das neue HGB die Forderung abgeleitet, der Prüfer habe im Gegensatz zum bisherigen Recht auch einen freiwillig aufgestellten Finanzplan zu prüfen[98].

3. Besonderer Zukunftsbezug der Finanzlage

Von den drei Lagemerkmalen ist die Finanzlage durch das Erfordernis jederzeitiger Liquidität am ehestens auf eine Beurteilung der zukünftigen Entwicklung ausgerichtet[99]. Denn für die Vergangenheit ist die Erfüllung dieser Bedingung bereits durch das Fortbestehen des Unternehmens nachgewiesen. Die Erhaltung der Zahlungsfähigkeit auf möglichst niedrigem Niveau setzt

---

93 In diesem Sinne auch Baetge / Commandeur, aaO, § 264 Rdn. 26 und 28.

94 Busse von Colbe, Festschrift, S. 91ff; Rückle, Externe Prognosen und Prognoseprüfung, DB 1984, S. 57, insbes. 59ff.

95 Ballwieser, BB 1985, S. 1040.

96 Rückle, aaO, S. 67ff.

97 Rayman, Accountancy June 1970, S. 429 sieht eine ausschließliche Verantwortlichkeit des Managements.

98 Küting / Weber, aaO, § 317 Rdn. 9 m.w.N.; Ballwieser, WPg 1985, S. 1041f; Überlegungen zur Prüfung prognostizierter Kapitalflußrechnungen bei Tubbesing, ZfB 1978, S. 535.

99 Den besonderen Zukunftsbezug der Finanzlage betonen: Budde / Karig, aaO, § 264 Rdn. 37; Baetge / Commandeur, aaO, § 264 Rdn. 26; die GEEC bezeichnet als Zweck der Kapitalflußrechnung explizit die Vorausschau, GEEC zitiert bei Kalinski, aaO, S. 147; Statement of Financial Accounting Standards No. 95, Nr. 5, 46.

eine Planung der Geldbewegungen voraus. Moxter stellt daher zutreffend fest, wer die Zahlungsfähigkeit eines Unternehmens beurteilen wolle, der brauche Finanzpläne[100]. Die Praxis hat den starken Zukunftsbezug der Finanzlage mit der weiten Verbreitung des Finanzplanes längst anerkannt.

Der Jahresabschluß bietet de lege lata nur spärliche Indizien für die Entwicklung der Finanzlage. Die Sollvorschrift des § 289 Abs. 2 Nr. 2 sieht zwar eine Darstellung der voraussichtlichen Entwicklung der Kapitalgesellschaft im Lagebericht vor. Die vage Formulierung der Anforderungen läßt aufschlußreiche Informationen jedoch kaum erwarten. Auch dem übrigen Jahresabschluß können für das zukünftige Gleichgewicht von Geldzuflüssen und Geldabflüssen nur sehr unvollkommene Anhaltspunkte entnommen werden[101]. Die Einteilung der Forderungen in Anlage- und Umlaufvermögen und der gesonderte Ausweis von Verbindlichkeiten mit einer Laufzeit von mehr als fünf Jahren im Anhang gem. § 285 Z. 1 sind zu ungenau, um die Zahlungsfähigkeit zu planen oder drohende Liquiditätsengpässe sichtbar zu machen[102]. Der Bilanz läßt sich weder die Veräußerbarkeit der Aktiva noch der im Falle einer Liquidation tatsächlich erzielbare Verkaufspreis entnehmen. Der Jahresabschluß enthält auch keine zuverlässigen Angaben zu den Möglichkeiten des Unternehmens, weitere Kredite zu erhalten. Die Pflichtangaben des Jahresabschlusses bleiben damit weit hinter dem Erfahrungswissen zurück, das die Unternehmensleitung in einen Finanzplan einbringt[103]. Als mittelfristiges Ziel ist es de lege ferenda anzustreben, den wertpapierrechtlichen Jahresabschluß um eine vorausschauende Liquiditätsfondsrechnung zu erweitern. Da Dividenden und grundsätzlich auch das Unternehmenswachstum aus der Liquidität gezahlt werden müssen, hat der (potentielle) Anleger einer frei gehandelten Publikumskapitalgesellschaft am ehesten ein schutzwürdiges Interesse an der Aufdeckung dieser Informationen[104].

Eine prospektive Liquiditätsfondsrechnung könnte sich an den praxiserprobten Finanzplan anlehnen. Insbesondere wenn die Gefahr von Liquiditätsproblemen zu besorgen ist, wäre eine prospektive Finanzfondsrechnung mit Angaben über zukünftige Zahlungsströme eine Ergänzung des gesetzlichen Jahresabschlusses von überragender Bedeutung. Um die Zeit vom Ende des Geschäftsjahres bis zur Veröffentlichung des nächsten Jahresabschlusses zu

[100] Moxter, AG 1979, S. 145; ebenso Schoppen, aaO, S. 40ff und Kalinski, aaO, S. 229.

[101] Zum Jahresabschluß nach dem AktG 1965 Schoppen, aaO, S 54.

[102] Siehe Teil C. Anm. 124.

[103] Ähnlich für die USA und mit Blick auf die SEC: Kripke, Homer, Can the SEC Make Disclosure Policy Meaningful?, in Posner / Scott (Hrsg.), Economics of Corporation Law and Securities Regulation, S. 340f.

[104] Siehe hierzu Fruman, Ann A., Disclosure of Future-Oriented Information under the Securities Laws, The Yale Law Journal, Volume 88 No. 2, December 1978, S. 338, 349ff.

überbrücken, wäre ein Planungszeitraum vom einem Jahr und neun Monate erstrebenswert[105]; realisierbar ist jedoch wohl nur eine Vorausschau, die sich auf ein Jahr erstreckt[106].

IV. Ergebnis

Die Betriebswirtschaftslehre hat die Kapital- und Finanzflußrechnung weitgehend erforscht und ihren Aussagegehalt bestimmt. Eine nähere Betrachtung des Erkenntnisstandes zeigt indes die Abgrenzung zur Bilanzanalyse als grundlegendes Problem. Die verlockende Idee, den dynamisch ausgerichteten Jahresabschluß um eine Darstellung der Geldbewegungen zu ergänzen, läßt sich mit dem hohen Aussageniveau des langfristig gewachsenen und logisch strukturierten Rechnungslegungsrechts nur beschränkt in Einklang bringen. Als Ergänzung der handelsrechtlichen Rechnungslegung kommt eine Kapital- bzw. Finanzflußrechnung wohl nur in Betracht, wenn der überkommene Grundsatz des Ausschlusses jeder Bilanzanalyse erheblich eingeschränkt würde. Die Kapitalflußrechnung ist daher von einer handelsrechtlichen Verbindlichkeit – als GoB oder Gesetz – noch weit entfernt.

Im Börsenrecht ist hingegen eine Ausdehnung des Anwendungsbereiches der Finanzflußrechnung zu empfehlen. Als Prognoserechnung könnte sie eine zunehmend beachtete Informationslücke mit völlig neuen Daten von überragendem Anlegerinteresse wirksam ausfüllen.

[105] Siehe hierzu Ballwieser, WPg 1987, S. 57.
[106] Ähnlich Henry, JoAcc April 1975, S. 60, 62.

E. Die Kapitalflußrechnung als Besteuerungsgrundlage

Als weiteren möglichen Zweck der Kapitalflußrechnung hat Schneider[1] erneut die Bereitstellung von Bemessungsgrundlagen für die Steuererhebung in die Diskussion eingebracht. Nach heutigem Steuerrecht werden die Ertragssteuern grundsätzlich auf den in der Handelsbilanz ausgewiesenen Gewinn erhoben, das sogenannte Maßgeblichkeitsprinzip ist insbesondere in § 5 EStG und § 6 KStG niedergelegt[2]. Die handelsrechtlichen Ansätze („ob" der Bilanzierung) und Bewertungen („wie" der Bilanzierung) sind in die Steuerbilanz zu übernehmen, sofern nicht steuerliche Vorschriften eine Abweichung bestimmen. Auf den nach handelsrechtlichen Grundsätzen ermittelten und gemäß den Steuergesetzen modifizierten Gewinn wird der im Einkommenssteuergesetz bzw. Körperschaftssteuergesetz bestimmte Steuersatz angewendet.

Die derzeitige Ertragsbesteuerung ist als wachstumsfeindlich kritisiert worden, da sie das Investitionsverhalten der Unternehmen nicht hinreichend berücksichtigt[3]: Die Steuerbelastung ist grundsätzlich davon unabhängig, ob ein Gewinn

a) im Unternehmen reinvestiert oder
b) zur privaten Verwendung dem Betrieb entnommen wurde.

Alternative, liquiditätsorientierte Bemessungsgrundlagen können dem weiteren Bereich der Kapitalflußrechnung entnommen werden. Die grundsätzlichen Einsatzmöglichkeiten der Kapitalflußrechnung als steuerliche Bemessungsgrundlage hat Busse von Colbe bereits 1966 aufgefächert[4]:

a) Anstelle des Gewinns könnten die „betrieblichen Nettoeinnahmen" versteuert werden, also der Cash-flow als Gewinn plus Abschreibungen. Diese Besteuerungsart würde jedoch das Wirtschaftswachstum noch stärker hemmen und kapitalintensive Betriebe benachteiligen, weil Investitionsausgaben die Steuerlast überhaupt nicht mehr verminderten.

b) Das andere Extrem ist die Besteuerung des Überschusses der betrieblichen Nettoeinnahmen über die Anlageinvestitionen einer Rechnungsperiode. Sie kommt der sofortigen Abschreibung im Anschaffungsjahr gleich[5] und ent-

---

1 BB 1987, S. 693ff.
2 Großfeld, Bilanzrecht, S. 26ff.
3 Schneider, ZfbF 1987, S. 696.
4 ZfB 1966, S. 113.

spricht damit dem Modell Schneiders einer Besteuerung des Saldos aus den Einnahmen auf Absatzmärkten und den Ausgaben auf den Beschaffungsmärkten[6]. Der von Schneider benutzte Begriff der „Cash-flow"-Besteuerung kann für diese Rechnung jedoch nicht akzeptiert werden: Nach allgemeiner Definition sind dem Gewinn im Rahmen der Cash-Flow-Berechnung die Abschreibungen noch hinzuzurechnen, die von Schneider vorgeschlagene Bemessungsgrundlage läßt hingegen die Investitionen insgesamt zum sofortigen Abzug zu. Damit gilt (bei indirekter Ermittlung) das folgende Berechnungsschema:

	Handelsrechtlicher Gewinn
+	(handelsrechtliche) Abschreibungen
./.	Investitionen in Anlagevermögen
=	ertragssteuerliche Bemessungsgrundlage

Für das Steuerrecht eröffnet dieses Modell verlockende Vereinfachungsmöglichkeiten[7]: Eine Sofortabschreibung ließe den Wirrwarr an Maschinen- und Gebäudeabschreibungen einschließlich aller Sonderabschreibungen entbehrlich werden und die Bilanzierungsprobleme des Umlaufvermögens entfallen.

c) Eine konsequente Fortsetzung der Sofortabschreibung beinhaltet der Vorschlag, lediglich die entnommenen bzw. ausgeschütteten Gewinne zu besteuern und einem einheitlichen Steuersatz zu unterwerfen[8].

Die Vorschläge b) und c) sind steuerliche Radikalkuren und kaum zu verwirklichen. Schnell wachsende Unternehmen brauchten über Jahre keine oder nur wenig Einkommen-/Körperschaftssteuer zahlen. Die erheblichen Steuersubventionen würden die Wettbewerbsverhältnisse zugunsten der innovationsfreudigen Unternehmen verändern. Die Steuereinnahmen schwankten in volkswirtschaftlich schädlicher Weise mit dem Investitionsrhythmus der Unternehmen im Konjunkturverlauf. Busse von Colbe schlägt daher eine Kombination mehrerer Bemessungsgrundlagen vor[9], die den Vereinfachungseffekt jedoch wohl aufzehren würde.

Auch im Steuerrecht bietet die Rückbesinnung auf die Zahlungsströme daher zwar interessante Perspektiven. In der Praxis ist die Kapitalflußrechnung aber kaum geeignet, die laut beklagte Unübersichtlichkeit der steuerrechtlichen Gewinnermittlung durch Vereinfachungen zu heilen.

---

[5] So heute lediglich die Sofortabschreibung sogen. „Geringwertiger Wirtschaftsgüter" mit Anschaffungs- oder Herstellungskosten bis DM 800,– gem. § 6 Abs. 2 EStG.

[6] Schneider, aaO, S. 697.

[7] Schneider, aaO, S. 696.

[8] Schneider, aaO, S. 696, unter Bezug auf das Gutachten der Meade-Comission in Groß-Britannien.

[9] ZfB 1966, Ergänzungsheft 1, S. 113f.

Literaturverzeichnis

Achtermeyer, Klaus: Was bringt die Cash-Flow Analyse?, Der Betrieb 1973, S. 1081.

Adler / Düring / Schmaltz: Rechnungslegung und Prüfung der Unternehmen, 4. Aufl., Nachdruck Stuttgart 1983, 5. völlig neu bearbeitete Aufl., Stuttgart 1987.

Alpers, Rudolf: Die Bewegungsrechnung der Industrie-Unternehmung, Der Betrieb 1977, S. 641.

American Council Life Insurance: 1980 Pension Facts, Washington DC 1981.

Anton, Hector R.: Accounting for the Flow of Funds, Boston 1962.

Backer, Morton (Hrsg.): Handbook of Modern Accounting Theory, Englewood Cliffs, N.J. 1953.

Ballwieser, Wolfgang: Sind mit der neuen Generalklausel zur Rechnungslegung auch neue Prüfungspflichten verbunden?, Betriebsberater 1985, S. 1034.

— Die Analyse von Jahresabschlüssen nach neuem Recht, Die Wirtschaftsprüfung 1987, S. 57.

Barth, Kuno: Die Entwicklung des deutschen Bilanzrechts, Bd. 1, Handelsrechtlich, Stuttgart 1953.

Barz / Fischer / Klug / Mellerowicz u. a.: Aktiengesetz, Großkommentar 1. Bd. §§ 1 - 144, 2. neubearbeitete Aufl., Berlin 1961.
Zitiert: Bearbeiter in Großkommentar AktG.

Bauer, Walter: Die Bewegungsbilanz und ihre Anwendbarkeit insbes. als Konzernbilanz, Zeitschrift für Handelswissenschaftliche Forschung 1926, S. 485.

Beuthler / Bieber / Pinkorn / Steil: Die Europäische Gemeinschaft – Rechtsordnung und Politik –, 1. Aufl., Baden-Baden 1979.
Zitiert: Bearbeiter in Europäische Gemeinschaft.

Biegler, John G.: Who shall set accounting standards?, Financial Executive September 1977, S. 34.

Biener, Herbert / *Berneke,* Wilhelm: Bilanzrichtliniengesetz, Textausgabe mit Bericht des Rechtsausschusses des Deutschen Bundestages und weiteren Gesetzes-Materialien, Düsseldorf 1986.

Bierich / Busse von Colbe u. a. (Hrsg.): Rechnungslegung nach neuem Recht, ZGR Sonderheft 2, 1. Aufl., Berlin / New York 1980.
Zitiert: Bearbeiter in ZGR Sonderheft 2.

Blättchen, Wolfgang / *Kienast,* Philippe: Der Einfluß des Nouveau Plan Comptable revise 1982 auf die Bilanzanalyse, Die Wirtschaftsprüfung 1984, S. 97.

Bleckmann, Albert: Europarecht, 4. Aufl., Köln / Berlin / Bonn / München 1985.

Bogen, Jules I / *Shipman,* Samuel S. (Hrsg.): Financial Handbook, 4. Aufl., New York 1964.

Born, Karl Erich (Hrsg.): Moderne deutsche Wirtschaftsgeschichte, Köln/Berlin 1966.

Bremer, Heinz: Börse und Staat, Betriebs-Berater 1965, S. 997.

— Grundzüge des deutschen und ausländischen Börsenrechts, Heidelberg/New York 1969.

Broker, Jon A. / *Jarnagin,* Bill D.: Financial Accounting Standards, 2. Aufl., Chicago Ill. 1980.

Brown, Richard (Hrsg.): A History of Accounting and Accountants, 1. Aufl., London 1905, unveränderter Nachdruck 1968.

Buckley, John W.: The Accounting Profession, Los Angeles, California 1974.

Budde, Wolfgang Dieter / *Clemm,* Herrmann / *Pankow,* Max / *Sarx,* Manfred u.a.: Beck'scher Bilanz-Kommentar, Der Jahresabschluß nach Handels- u. Steuerrecht, 1. Aufl., München 1986.

Budde, Wolfgang Dieter / *Fröschle,* Gerhart: Ausgewählte Fragen zum Inhalt des Anhangs, Der Betrieb 1988, S. 1457.

Bundesministerium der Justiz (Hrsg.): Bericht über die Verhandlungen der Unternehmenskommission, Köln 1980.

Busse von Colbe, Walther: Aufbau und Informationsgehalt von Kapitalflußrechnungen, Zeitschrift für Betriebswirtschaft 1966, Ergänzungsheft 1, S. 82ff.

— Prognosepublizität von Aktiengesellschaften, Beiträge zur Lehre von der Unternehmung, Festschrift für Karl Käfer, Stuttgart 1968.

Carey, John C.: The Rise of the Accounting Profession, New York 1969.

Carey, John C. / *Doherty,* William O.: Ethical, Standards by the Accounting Profession, New York 1966.

Casey, Cornelius / *Bartozak,* Norman: Cash flow – it's not the bottom line, Howard Business Review 1984, S. 61.

Castan / Heymann / Müller / Ordelheide / Scheffler (Hrsg.): Beck'sches Handbuch Rechnungslegung, München, Loseblattsammlung, Stand Mai 1988.

Chatfield, Michael: A History of Accounting Thought, 2. Aufl., New York 1977.

Chmielewicz, Klaus: Integrierte Finanz- und Erfolgsplanung, 1. Aufl., Stuttart 1972.

Chmielewicz, Klaus / *Caspari,* Britta: Zur Problematik von Finanzierungsrechnungen, Die Betriebswirtschaft 1985, S. 156.

Code of Federal Regulations: Published by the Office of the Federal Register National Archives and Records Administration, Washington, 1987.

Coenenberg, Adolf G.: Jahresabschluß und Jahresabschluß, 10. Aufl. Landsberg am Lech, 1988.

Coenenberg, Adolf G. / *Schmidt,* Franz: Die Kapitalflußrechnung als Ergänzungsrechnung des veröffentlichten Jahresabschlusses, Zeitschrift für Betriebswirtschaft 1978, S. 506.

Coffmann, Edward N. (Hrsg.): The Academy of Accounting Historians Working Paper Series, Volume 1, ohne Ortsangabe (im Eigenverlag), 1979.

Cole, William Morse: Accounts – Their Construction and Interpretation, Boston/New York/Chicago 1908.

— Accounting and Auditing, Minneapolis/Chicago/Seattle 1910.

Coleman, Almand R.: Restructuring the Statement of Changes in Financial Position, Financial Executive January 1979, S. 34.

Constantinesco, Leontin-Jean: Das Recht der Europäischen Gemeinschaften I, Das institutionelle Recht, 1. Aufl. Baden-Baden 1977.

Cooper, William D. / *Robinson,* Ida B.: Who Should Formulate Accounting Principles?, The Debate within the SEC, Journal of Accountancy May 1987, S. 137.

Cooper, William W. / *Yuji,* Ijiri (Hrsg.): Eric Louis Kohler, accounting's man of principles, 1. Aufl., Reston Virginia, 1979.

Corbin, Donald A.: Proposals for Improving Funds Statements, Accounting Review 1961, S. 398.

Couchmann, Charles B.: The Balance Sheet, 1. Aufl. New York 1924

Dickerson, W. E. / *Jones,* Weldon J.: Some Observations on the Statement of Application of Funds, Accounting Review 1931, S. 277.

Dietl / Moss / Lorenz: Wörterbuch für Recht, Wirtschaft und Politik, Teil I Englisch–Deutsch, 4. Aufl., München 1987.

Dinkel, Rolf H.: Ermöglicht die Bewegungsbilanz eine aussagefähige Analyse der betrieblichen Finanzwirtschaft? Die Unternehmung 1973, S. 213.

— Konzeption und Aussagefähigkeit von Teil-Bewegungsbilanzen, Die Unternehmung 1974, S. 1.

Douglas, William O. / *Bates,* George E.: The Federal Securities Act of 1933, Yale Law Journal, December 1933, S. 171.

Ebke, Werner: Wirtschaftsprüfer und Dritthaftung, Bielefeld 1983.

Edwards, James Don: History of Public Accounting in the USA, 1. Aufl., East Lansing/Michigan 1980.

Engelmann, Konrad: Über Methoden der amerikanischen Geschäftsberichtserstattung, Zeitschriften für Betriebswirtschaft 1966, S. 411.

Ertl, Bernd: Mehr Mut zur Börse, Zeitschrift für das gesamte Kreditwesen 1981, S. 148.

Fiflis, Ted J. / *Kripke,* Homer / *Foster,* Paul M.: Accounting for Business Lawyers, 3. Aufl., St. Paul/Minnesota 1984.

Finney, Harry Anson: Students' Department, Journal of Accountancy July 1921, S. 59, December 1923, S. 460.

— Principles of Accounting Volume 1, 1. Aufl., New York 1923.

Fischer, Otfried: Kapitalflußrechnung als Planungsinstrument, Der Volkswirt 1969, S. 45.

Flohr, Günter: Bewegungsbilanzen in Geschäftsberichten deutscher Aktiengesellschaften, Die Wirtschaftsprüfung 1964, S. 313.

Foulke, Roy A.: Practical Financial Statement Analysis, 1. Aufl., New York/London 1945.

Fruman, Ann A.: Disclosure of Future-Oriented Information under the Securities Laws, The Yall Law Journal, Volume 88 No. 2, Dec. 1978, S. 338.

Gadow u. a.: Großkommentar zum AktG, 1. Aufl. Berlin 1939, 2. Aufl. Berlin 1961.

Gebhardt, Günther: Kapitalflußrechnungen als Mittel zur Darstellung der „Finanzlage", Die Wirtschaftsprüfung 1984, S. 481ff.

Gercke, F. E.: Wesen und Aufgabe der Bewegungsbilanz, Der Betrieb 1954, S. 373ff.

Gerstner, Paul: Bilanzanalyse, 11. Aufl., Berlin 1944.

Geßler / Hefermehl / Eckardt / Kropf: Aktiengesetz Bd. III, 1. Aufl. München 1973. Zitiert: Bearbeiter in Geßler, Kommentar zum AktG 1973.

Gibson, Charles H. / *Klammer,* Thomas P. / *Reed,* Sarah A.: The Cash Flow Statement, CPA-Journal November 1986, S. 18ff (hrsg. von den New Yorker CPA's).

Glade, Anton: Rechnungslegung und Prüfung nach dem Bilanzrichtlinien-Gesetz, 1. Aufl., Herne/Berlin 1986.

Glombik, Manfred: 50 Jahre Rentenversicherung in den USA, Betriebsberater 1987, S. 132.

Greedlinger, Leo: Accountancy Problems, New York 1909.

Green, Wilmer L.: History and Survey of Accountancy, 1. Aufl., New York 1930.

Groeben, Hans von der / *Boeckh,* Hans von / *Thiesing,* Jochen: Kommentar zum EWG-Vertrag, 2. Aufl., Baden-Baden 1974.

Großfeld, Bernhard: Probleme der Rechtsvergleichung im Verhältnis Vereinigte Staaten von Amerika – Deutschland, Rabels Zeitschrift für ausländisches und internationales Privatrecht, Tübingen, 39. Jahrgang 1975.

— Bilanzrecht, 1. Aufl., Karlsruhe 1978.

— Macht und Ohnmacht der Rechtvergleichung, Tübingen 1984.

— Bilanzrecht für Juristen – Das Bilanzrichtliniengesetz vom 19. 12. 1985, NJW 1986, S. 955.

Großfeld, Bernhard / *Diekmann,* Hans: Gemeinsame Grundlagen des europäischen Bilanzrechts, Die Wirtschaftsprüfung 1988, S. 419.

Gumpel, Peter E. / *Ramin,* Kurt P. / *Schiessl,* Maximilian: Kapitalmarktregeln für Emissionen und Akquisitionen in den USA, Der Betrieb 1988, S. 1432.

Gutenberg, Erich: Grundlagen der Betriebswirtschaftslehre, 2. Bd., 15. Aufl., Berlin / Heidelberg / New York 1976.

Häusler, Harald / *Stolzer,* Peter: Entwicklung und Status der Kapitalflußrechnung in der modernen Praxis, Der Betrieb 1988, S. 1405.

Hakelmacher, Sebastian: Vom simplen Jahresabschluß zur anspruchsvollen Kapitalflußrechnung, Die Wirtschaftsprüfung 1982, S. 79.

Handwörterbuch der Betriebswirtschaft: Grochla, Erwin / Wittmann, Waldemar (Hrsg.), 4. Aufl., Stuttgart 1975.
Zitiert: Bearbeiter HWB.

Handwörterbuch der Finanzwirtschaft: Büschgen, Hans E. (Hrsg.), 1. Aufl., Stuttgart 1976.
Zitiert: Bearbeiter HWF.

Handwörterbuch des Rechnungswesens: Kosiol, Erich / Chmielewicz, Klaus / Schweitzer, Marcell (Hrsg.), 1. Aufl., Stuttgart 1970, 2. Aufl., Stuttgart 1981.
Zitiert: Bearbeiter in HWR.

Harrmann, Alfred: Zum Cash Flow als bilanzkritische Kennziffer, Der Betrieb 1968, S. 1678.

Hartung, Werner: Unmittelbare Wirkung von Bestimmungen der EG-Bilanzrichtlinie?, Recht der Internationalen Wirtschaft 1988, S. 52.

Hatfield, Henry Rand: Accounting, New York/London 1927.

Haugen, Robert A. / *Senbet,* Lemma W.: The Insignificance of Bankruptcy Costs to the Theory of Optimal Capital Structure, The Journal of Finance, May 1978, S. 383.

Heath, Loyd C.: Let's Scrap the „Funds" Statement, Journal of Accountancy October 1978, S. 94.

Heinen, Edmund: Handelsbilanzen, 12. Aufl., Wiesbaden 1980.

Helmrich, Herbert: Bilanzrichtlinien-Gesetz, Texte, Stellungnahmen, Protokolle, München 1986.

Henry, Evan J.: A new funds statement format for greater disclosure, Journal of Accountancy, April 1975, S. 56.

Herrmann / Heuer / Raupach: Einkommensteuer- und Körperschaftsteuergesetz, Loseblattsammlung, Stand Juli 1988, Köln.

Hofbauer, Max. A / *Kupsch,* Peter / *Albrecht,* Werner / *Scherrer,* Gebhard (Hrsg.): Bonner Handbuch Rechnungslegung, Loseblattausgabe, Bonn, Stand April 1988.
Zitiert: Bearbeiter in Bonner Handbuch Rechnungslegung.

Hopt, Klaus J.: Die Publizität von Kapitalgesellschaften – Grundsätzliche Überlegungen zum Stand nach der 4. EG-Richtlinie und zur Reformdiskussion in den USA, Zeitschrift für Unternehmens- und Gesellschaftsrecht, 9. Jahrgang 1980, S. 225.

Ijiri, Yuji / *Truelblood,* Robert M.: Recovery Rate and Cash Flow Accounting, Financial Executive, March 1980, S. 54.

Ipsen, Hans Peter: Europäisches Gemeinschaftsrecht, 1. Aufl., Tübingen 1972.

Jacobs, Otto H. / *Greif,* Martin: Kapitalflußrechnungen als mögliche Ergänzungsinstrumente zum aktienrechtlichen Jahresabschluß, Die Wirtschaftsprüfung 1974, S. 19.

Jäger, Ernst Ludwig: Beiträge zur Geschichte der Doppelbuchhaltung, Stuttgart 1874.

Jonas, Heinrich H.: Darstellung der wirtschaftlichen Lage und Entwicklung mit Hilfe der Finanzbewegungsrechnung, Der Betrieb 1976, S. 2361.

— Zur Problematik der 4. EG-Richtlinie (III), Der Betrieb 1978, S. 1457.

Jung, Willi: Der Jahresabschluß in den USA, Betriebswirtschaft 6/71, Beilage des Betriebs-Beraters zu Heft 31/71, S. 77.

Käfer, Karl: Praxis der Kapitalflußrechnung, Stuttgart 1969.
Zitiert: Käfer, Praxis.

— Kapitalflußrechnungen, 2. unveränderte Aufl. mit einer ergänzenden Einführung von Paul Weilenmann, Stuttgart 1984.
Zitiert: Käfer, Kapitalflußrechnungen.

Kalinski, Rüdiger: Die Rechnungslegung zur Finanzlage der Unternehmung, Kiel 1986.

Karehnke, Helmut: Angleichung der Rechnungslegung der Aktiengesellschaften in der BRD und in den USA, Die Aktiengesellschaft 1972, S. 263.

Kelley, Eleanor M.: Financial accounting and reporting: from simple bookkeeping to being awash in a sea of disclosure, Financial Executive, July 1976, S. 13.

Ketz, J. Edward / *Kochanek,* Richard F.: Cash Flow: Assessing a Company's real Financial Heath, Financial Executive July 1982, S. 34.

Kirchner, Christian: Zu den Grundlagen des Unternehmens- und Gesellschaftsrecht (II), Die Aktiengesellschaft 1985, S. 124.

Kirkmann, Marshall Monroe: Railway Disbursements (and the Accounts into which they are naturally Divided), 1. Aufl., New York 1877.

Klages, Joachim: Die Richtlinie der EG über den Börsenzulassungsprospekt: Ein Vergleich der heutigen nationalen Regelungen, 1. Aufl., Baden-Baden 1981, Studien zum Bank- und Börsenrecht; Bd. 7.

Klainguti, Ernest: Die Regelung des Aktienhandels im Amerikanischen Bundesrecht, Bern/Stuttgart 1971.

Klein, Joseph J.: Elements of Accounting, New York/London 1920.

Kloock, Josef: Kapitalflußrechnungen als den aktienrechtlichen Jahresabschluß ergänzende Dokumentationsrechnung, Betriebswirtschaftliche Forschung und Praxis 1979, S. 468.

Knobbe-Keuk, Brigitte: Bilanz- und Unternehmenssteuerrecht, 6. Aufl., Köln 1987.

Koch, Waldemar: Der Beruf des Wirtschaftsprüfers, 1. Aufl., Berlin 1957.

Köhler, Richard: Ermittlungsziele und Aussagefähigkeit von Cash Flow-Analysen, Die Wirtschaftsprüfung 1970, S. 385.

Kosiol, Erich: Pagatorische Bilanz, 1. Aufl., Berlin 1976.

Kripke, Homer: The SEC and Corporate Disclosure: Regulation in Search of a Purpose, New York 1979.

Kruse, Heinrich Wilhelm: Grundsätze ordnungsmäßiger Buchführung, Rechtsnatur und Bestimmung, 3. Aufl., Köln 1978.

Küting, Karlheinz: Externe Liquiditätsanalyse auf der Grundlage der Bilanz nach künftigem Bilanzrecht, Der Betrieb 1985, S. 1089.

Küting, Karlheinz / *Weber,* Claus-Peter (Hrsg.): Handbuch der Rechnungslegung, 2. unveränderte Aufl., Stuttgart 1987.
Zitiert: Bearbeiter in Küting / Weber.

Kurras, Klaus: Die Bildung von Fonds in der Jahresabschlußrechnung, Der Betrieb 1976, S. 2073, 2122.

Lachnit, Laurenz: Zeitraumbilanzen – Ein Instrument der Rechnungslegung, Unternehmensanalyse und Unternehmenssteuerung, Betriebswirtschaftliche Studien 16, 1. Aufl., Berlin 1972,.

— Wesen, Ermittlung und Aussage des Cash Flow, Zeitschrift für betriebswirtschaftliche Forschung, 1973, S. 59.

Lamden, Charles William: The Securities and Exchange Commission, New York 1978.

Larenz, Karl: Methodenlehre der Rechtswissenschaft, 5. Aufl., Berlin/Heidelberg/New York/Tokyo 1983.

Lee, Everett S. / *Miller,* Ann Patner / *Brainerd,* Carol P. / *Easterlin,* Richard A.: Population, Redistribution and Economic Groth, United States 1870 - 1950, Bd. I: Methodological Considerations and Reference Tables, The American Philosophical Society, Philadelphia 1957.

Leffson, Ulrich: Die Grundsätze ordnungsgemäßer Buchführung, 7. Aufl., Düsseldorf 1987.

— Zur Gemeinsamkeit juristischer und ökonomischer Ermittlung der Grundsätze ordnungsmäßiger Buchführung, Die Wirtschaftsprüfung 1973, S. 582.

Leffson, Ulrich / *Rückle,* Dieter / *Großfeld,* Bernhard (Hrsg.): Handwörterbuch unbestimmter Rechtsbegriffe im Bilanzrecht des HGB, 1. Aufl. Köln 1986.
Zitiert: Bearbeiter in HURB.

Littleton, Ananias Charles: Accounting Evolution to 1900, New York 1933.

Loss, Louis: Der Schutz der Kapitalanleger, Zeitschrift für das Gesamte Handels- und Wirtschaftsrecht, Bd. 129, S. 197.

— Fundamentals of Securities Regulation, Boston/Toronto 1983 (mit Supplement 1984).

Ludewig, Rainer: Die Einflüsse des „true and fair view" auf die zukünftige Rechnungslegung, Die Aktiengesellschaft 1987, S. 12.

Lück, Wolfgang: Zur Praxis der amerikanischen Rechnungslegung, Die Wirtschaftsprüfung 1972, S. 261.

Lück, Wolfgang / *Holzer,* Peter: Financial Accounting Standards Board, Die Wirtschaftsprüfung 1976, S. 292.

Lutter, Marcus: Europäisches Gesellschaftsrecht, ZGR Sonderheft 1, 2. Aufl., Berlin/New York 1984.

Lyons, J. A. / *Read,* Walter L.: Lyons' Bookkeeping, 3. Aufl., Chicago/New York 1913.

Mason, Perry: „Cash Flow" Analysis and The Funds Statement, Accounting Research Study No. 2, American Institute of CPAs, New York 1961.

Mautz, Robert K.: Self. Regulation-Criticisms and a Response, Journal of Accountancy April 1984, S. 56.

Meyer, Philip E.: The APB's Independence and Its Implications for the FASB, Journal of Accounting Research, 1974, S. 188.

Moonitz, Maurice: Inventories and the Statement of Funds, Accounting Review 1943, S. 263.

Moran, Mark / *Previts,* Gary John: The SEC and the Profession, 1934 - 84: The Realities of Self-Regulation, Journal of Accountancy, July 1984, S. 68.

Morell, Paul: Der Bundeshaushalt (Kommentar zur Bundeshaushaltsordnung), Wiesbaden 1983.

Moxter, Adolf: Die Jahresabschlußaufgaben nach der EG-Bilanzrichtlinie: Zur Auslegung von Art. 2 EG-Bilanzrichtlinie, AG 1979, S. 141.

Münch, Dieter: Der betriebswirtschaftliche Erkenntnisgehalt der Cash-Flow-Analyse, Der Betrieb 1969, S. 1301.

von Münch, Ingo (Hrsg.): Grundgesetz-Kommentar, 1. Aufl., München 1976.
Zitiert: Bearbeiter in von Münch (Hrsg.), GG.

Neubert, Helmut: Der betriebliche Finanzfluß und seine Darstellung, Die Wirtschaftsprüfung 1952, S. 422.

— Working Capital und Totaler Cash Flow, Die Wirtschaftsprüfung 1972, S. 657.

Niehus, Rudolf J.: Rechnungslegung in den USA im Vergleich zu den Ländern der Europäischen Wirtschaftsgemeinschaft, Außenwirtschaftsdienst des Betriebs-Beraters, November 1973, S. 600.

— Die vierte Richtlinie: Die Anpassung der handelsrechtlichen Rechnungslegungsvorschriften; Anforderungen und Erwartungen aus der Sicht des Wirtschaftsprüfers, Betriebswirtschaftliche Forschung und Praxis 1979, S. 17.

— „True and fair view" in Zukunft auch ein Bestandteil der deutschen Rechnungslegung?, Die Wirtschaftsprüfung 1979, S. 221.

— Companies Act 1981: Transformation der 4. EG-Bilanzrichtlinie in Großbritannien, Die Aktiengesellschaft 1983, S. 233.

— Zur Transformation der 4. EG (Bilanz-)Richtlinie in den Mitgliedstaaten der Europäischen Gemeinschaft, ZGR 1985, S. 536.

Palmieri-Egger, N. Walter: Neue Entwicklungen zum Schutz des Publikums auf dem Gebiet des Wertpapierhandels in den USA mit Hinweisen auf Frankreich, England und die BRD, Zeitschrift für Rechtsvergleichung, 21. Jahrgang 1980, Wien, S. 105.

Paton, William A.: The „Cash-Flow" Illusion, Accounting Review 1963, S. 243.

Perpagallo, Eward: Origin and Evolution of Double Entry Bookkeeping. A study of Italian Practice from the Fourteenth Century, Concord, New Hampshire 1938, Nachdruck Ann Arbor Michigan 1967.

Peupelmann, Hans: Cash-Flow, Betriebsergebnis und Bewegungsbilanz, Der Betrieb 1971, S. 57.

Posner, Richard A. / *Scott,* Kenneth E. (Hrsg.): Economics of Corporation Law and Securities Regulation, Boston/Toronto 1980.
Zitiert: Bearbeiter in Posner / Scott (Hrsg.).

Powell, Weldon: Grundsätze ordnungsmäßiger Bilanzierung in den Vereinigten Staaten von Amerika, Die Wirtschaftsprüfung 1964, S. 85.

Rappaport, Louis H.: SEC Accounting Practice and Procedure, 3. Aufl., New York 1972.

Rayman, R. A.: Is Conventional Accounting Obsolete, Accountancy, June 1970, S. 422.

Reckers, Philip M. R. / *Stagliano,* A. J.: How Good are Investor's Data Sources?, Financial Executive, April 1980, S. 26.

Regazzi, John H.: Why aren't financial statements understood?, JoAcc April 1974, S. 48.

Reichmann, Thomas / *Lange,* Christoph: Kapitalflußrechnung und Wertschöpfungsrechnung als Ergänzungsrechnungen des Jahresabschlusses im Rahmen einer gesellschaftsbezogenen Rechnungslegung, Zeitschrift für Betriebswirtschaft 1980, S. 518.

Riklin, Alois: Die Europäische Gemeinschaft im System der Staatenverbindungen, Bern 1972 (Schweizerische Beiträge zum Europarecht, Bd. 10).

Rosen, L. S. / *DeCoster,* Don T.: „Funds" Statements: A Historical Perspective, Accounting Review 1969, S. 124.

Rückle, Dieter: Externe Prognosen und Prognoseprüfung, Der Betrieb 1984, S. 57.

Samson-Himmelstierna, Alexander von: Die U.S. Corporation und ihre Besteuerung, München 1981.

Scheibe-Lange, Ingrid: Aktuelle Probleme der Rechnungslegung aus Arbeitnehmersicht, Die Wirtschaftsprüfung 1983, S. 73.

Schmalenbach, Eugen: Dynamische Bilanz, 10. Aufl., Bremen 1948.

Schmidt, Hartmut: Börsenorganisation zum Schutze der Anleger, Tübingen 1970.

Schmidt, Ludwig, u. a.: Einkommensteuergesetz, 5. Aufl., München 1987.
Zitiert: Schmidt/Bearbeiter, EStG.

Schmidt-Bleibtreu, Bruno / *Klein,* Franz: Kommentar zum Grundgesetz für die Bundesrepublik Deutschland, 6. Aufl., Neuwied, Darmstadt 1983.

Schneider, Dieter: Investition und Finanzierung, 5. Aufl., Wiesbaden 1980.

— Reform der Unternehmensbesteuerung durch „Eckwerte" oder durch Cash-Flow-Besteuerung, Betriebs Berater 1987, S. 693.

Schoenfeld, Hanns-Martin W.: Grundsätze der Rechnungslegung in den USA, Zeitschrift für Betriebswirtschaft 1981, S. 290.

Scholtissek, Wolfgang: Der Jahresabschluß in Großbritannien, Der Betrieb 1984, S. 1533.

Schubert, Hommelhoff (Hrsg.): Hundert Jahre modernes Aktienrecht, ZGR Sonderheft 4, 1. Aufl. Berlin 1985.
Zitiert: Bearbeiter in Schubert / Hommelhoff.

Schwark, Eberhard: Anlegerschutz durch Wirtschaftsrecht, 1. Aufl., München 1979.
Zitiert: Schwark, Anlegerschutz.

— Börsengesetz, Kommentar, 1. Aufl., München 1976.

— Grundsätzliche Aspekte des Bilanzrichtlinien-Gesetzentwurfes, Betriebs Berater 1982, S. 1149.

— Das neue Kapitalmarktrecht, NJW 1987, S. 2041.

Scovill, Hiram T.: Application of Funds Made Practical, The Accounting Review 1944, S. 20.

Seed, Allen H.: Inflation – Its impact on financial reporting and decision making, Finanical Executive July 1978, S. 38.

Spiller, Earl A. / *Virgil,* Robert L.: Effectiveness of APB Opinion No. 19 in Improving Funds Reporting, Journal of Accounting Research 1974, S. 112.

Stiegler, J. P.: Fünf Jahrtausende Buchhaltung, 3. Aufl., Stuttgart 1958.

Stockwell, Herbert G.: Net Worth and the Balance Sheet, New York 1912.

Stüdemann, Klaus: Die cash-flow Untersuchung als Mittel der Unternehmensanalyse, Die Wirtschaftsprüfung 1970, S. 392.

Swoboda, Peter: Betriebliche Finanzierung, Würzburg/Wien 1981.

Thomas, Barbara S.: Reporting cash flow information, JoAcc November 1982, S. 98.

— SEC Oversight Role in Self-Regulation, The CPA Journal, May 1983, S. 10.

Töndury, Hans / *Gsell,* E.: Finanzierungen, Das Kapital in der Betriebswirtschaft, Zürich 1948.

Trumpler, H.: Die Börsengesetzgebung der Vereinigten Staaten, Berlin 1938.

— Die Aktiengesellschaft nach dem Gesellschafts-, Bilanz- und Steuerrecht der Vereinigten Staaten von Amerika, Basel 1942.

Tubbesing, Günter: Die Kapitalflußrechnung aus der Sicht des Wirtschaftsprüfers, Zeitschrift für Betriebswirtschaft 1978, S. 528.

— „A True and Fair View“ im englischen Verständnis und die 4. EG-Richtlinie, Die Aktiengesellschaft 1979, S. 91.

United States Code Annotated: Comprising All Laws of a General and Permanent Nature Under Arrengement of Official Code of the Laws of the United States with Annotations from Federal and State Courts, St. Paul/Minnesota 1981 mit Cumulative Annual Pocket Port 1987.
Zitiert: Titel USCA, §§, Section.

United States Code Service: Lawyers Edition, All Federal Laws arranged in accordance with the section numbering of the United States Code and the supplements thereto, James H. Cooper u. a. (Hrsg.).
Zitiert: Titel USCS, §§, Section.

Vatter, William J.: The Fund Theory of Accounting and its Implications for Financial Reports, The University of Chicago Press, Chicago 1947.

Verhülsdonk, R.: Die Darstellung der betrieblichen Finanzwirtschaft in der Bewegungsbilanz, Der Betrieb 1952, S. 21.

Volk, Gerrit: Das Informationsinteresse der Jahresabschlußadressaten, Betriebs Berater 1987, S. 723.

Walb, Ernst: Finanzwirtschaftliche Bilanz, 2. Aufl., Duisburg 1948.

Walton, Seymor: Students' Department, Journal of Accountancy März 1914, S. 231, und September 1915, S. 241.

Wander, Herbert S. / *Grienenberger,* Warren F. (Hrsg.): Selected Articles on Federal Securities Law, American Bar Association 1968.

Weber, Helmut Kurt: Die Kapitalflußrechnung als Ergänzung des Jahresabschlusses, Der Betrieb 1979, S. 609.

Weber, Kurt / *Tiedau,* Ludwig: Die Geldflußrechnung auf Grundlage der aktienrechtlichen Gewinn- und Verlustrechnung sowie der Bilanz am Beispiel der Siemens AG (I), Der Betrieb 1984, S. 465.

Weber, Nikolaus: Die Richtlinie im EWG-Vertrag, Diss. Hamburg 1974.

Wiesen, Jeremy L.: Regulating Transactions in Securities, St. Paul/Minnesota, 1973.

Windal, Floyd W. / *Corley,* Robert N.: The Accounting Professional Ethics, Responsibility, and Liability, Engelwood Cliffs/New Jersey 1985.

Wöhe, Günter: Einführung in die Allgemeine Betriebswirtschaftslehre, 16. Aufl., München 1986.

Wysocki, Klaus von: Sozialbilanzen, Stuttgart 1961.

— Die Kapitalflußrechnung als integrierter Bestandteil des aktienrechtlichen Jahresabschlusses, Die Wirtschaftsprüfung 1971, S. 617.

— Die Kapitalflußrechnung als Ergänzung des Jahresabschlusses, Die Wirtschaftsfprüfung 1976, S. 16.

Wysocki, Klaus von / *Schulze-Osterloh,* Joachim (Hrsg.): Handbuch des Jahresabschlusses in Einzeldarstellungen, Köln.
Zitiert: Bearbeiter in HdJ.

Zahn, Johannes: Aktienanleger und Börse, Zeitschrift für Unternehmens- und Gesellschaftsrecht (ZGR), 10. Jahrgang 1981, S. 101.

Anhang 1

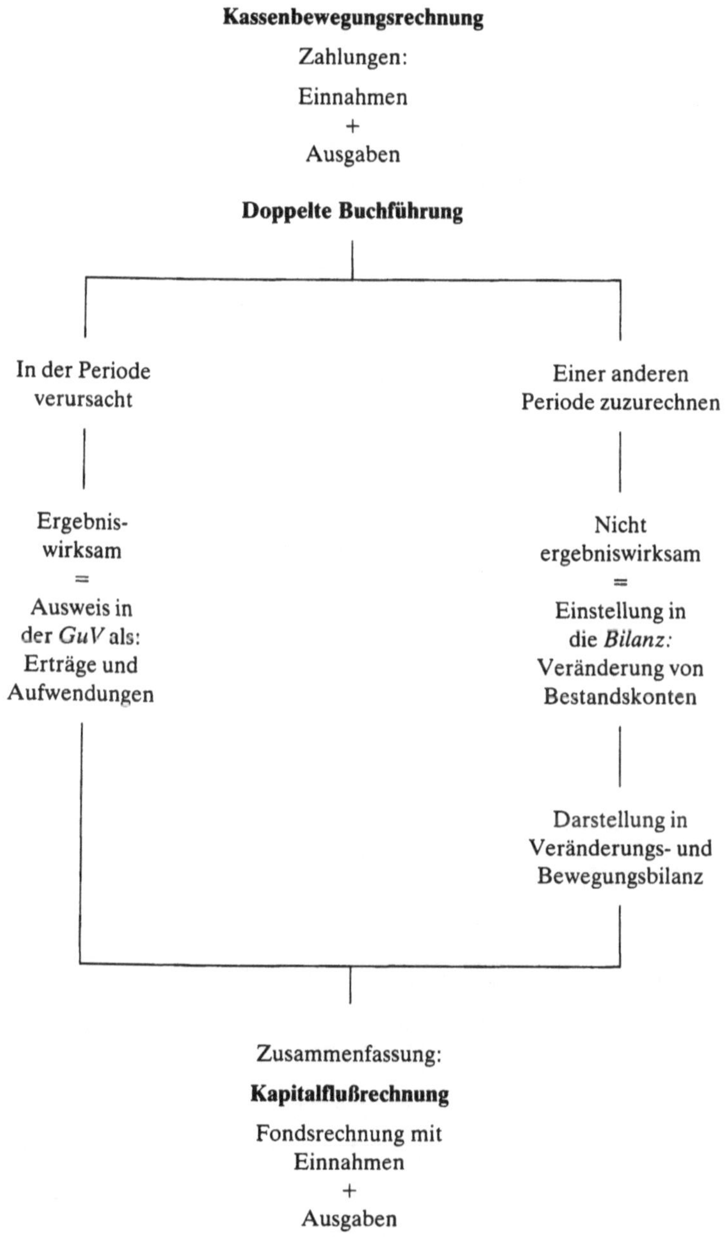
Kassenbewegungsrechnung
Zahlungen:
Einnahmen
+
Ausgaben
Doppelte Buchführung
In der Periode verursacht
Einer anderen Periode zuzurechnen
Ergebnis-wirksam
=
Ausweis in der *GuV* als: Erträge und Aufwendungen
Nicht ergebniswirksam
=
Einstellung in die *Bilanz:* Veränderung von Bestandskonten
Darstellung in Veränderungs- und Bewegungsbilanz
Zusammenfassung:
Kapitalflußrechnung
Fondsrechnung mit Einnahmen
+
Ausgaben

Anhang 2

Company M: Konsolidiertes „Statement of Cash Flows" nach dem FASB Statement No. 95

I. Direkte Methode

1. Zu-/Abnahme von Geld und geldähnlichen Mitteln

a) Cash Flows aus Geschäftstätigkeit		
– Einnahmen/Zahlungen von Kunden	$ 13.850	
– Ausgaben für Material und Personal	./. 12.000	
– Dividenden von Schwestergesellschaften	20	
– Zinseinnahmen	55	
– gezahlten Zinsen	./. 220	
– gezahlte Ertragssteuern	./. 325	
– Zahlungen von Versicherungen	15	
– Patentverletzung (Vergleichszahlung)	./. 30	
Netto-Geldzunahme aus Geschäftstätigkeit		$ 1.365
b) Cash Flows aus Investitionstätigkeit		
– Einnahmen: Verkauf von Anlagegütern	$ 600	
– Auf Rechnungen aus dem Verkauf einer Produktionsanlage gezahlte Raten	150	
– Ausgaben für Investitionen	./. 1.000	
– Zahlung des Kaufpreises für Company S	./. 925	
Für Investitionen netto ausgegebenes Geld		./. $ 1.175
c) Cash Flows aus Finanzierungen		
– Netto-Kreditaufnahme	$ 300	
– Kredittilgungen	./. 125	
– Einnahmen aus der Emission langfristiger Schuldverschreibungen	400	
– Einnahmen aus Aktienemissionen	500	
– gezahlte Dividenden	./. 200	
Netto-Geldzunahme aus Finanzierungen		$ 875
Nettozunahme von Geld und geldähnlichen Mitteln		$ 1.065
Geld und geldähnliche Mittel am Jahresanfang		600
Geld und geldähnliche Mittel am Jahresende		$ 1.665

2. Angleichung des Gewinns an die Netto Geldzunahme aus Geschäftstätigkeit

a) Gewinn		$ 760
b) Korrektur- und Ausgleichsposten		
– Abschreibungen und Amortisation	$ 445	
– Wertberichtigung auf Forderungen	200	
– Gewinn aus dem Verkauf von Anlagevermögen	./. 80	
– nicht ausgeschüttete Gewinne	./. 25	
– Ratenzahlung aus Inventarverkauf[1]	100	
– Nettoänderungen des Vermögens und der Schulden durch den Kauf der Company S		
– Zunahme der Kundenforderungen	./. 215	
– Verringerung des Inventars	205	
– Zunahme aktive Rechnungsabgrenzungsposten	./. 25	
– Abnahme der Verbindlichkeiten und der passiven Rechnungsabgrenzungsposten	./. 250	
– Zunahme der Zins- und Steuerverbindlichkeiten	50	
– Zunahme latente Steuern (deffered taxes)	150	
– Zunahme anderer Verbindlichkeiten	50	
Ausgleichsposten insgesamt		$ 605
Netto-Geldzunahme aus Geschäftstätigkeit		$ 1.365

3. Ergänzendes Verzeichnis der Investitionen und Finanzierungen ohne Geldberührung:

Die Gesellschaft erwarb das gesamte Grundkapital der Company S zum Preise von $ 950. In Verbindung mit dem Kauf wurden wie folgt Verbindlichkeiten übernommen:

– Tatsächlicher Wert des übernommenen Vermögens	$ 1.580
– Kaufpreis für das Stammkapital	./. 950
– übernommene Verbindlichkeiten	630

Mit dem Abschluß eines Mietvertrages über neue Ausstattung wurden Mietzahlungsverpflichtungen in Höhe von insgesamt $ 850 eingegangen. Langfristige Schuldverschreibungen wurden in Höhe von $ 500 zu Stammkapital umgewandelt.

II. Indirekte Methode

1. Zu-/Abnahme von Geld und geldähnlichen Mitteln

a) Cash Flows aus Geschäftstätigkeit

– Gewinn $ 760

– Ausgleichsposten zur Angleichung des Gewinns an die Veränderung des Geldbestandes aus Geschäftstätigkeit:

[1] Wird der allgemeinen Geschäftstätigkeit zugerechnet, obwohl an sich dem Anlagevermögen zuzurechnen.

– Abschreibungen und Amortisation	$ 445	
– Wertberichtigung auf Forderungen	200	
– Gewinn aus Verkauf von Anlagevermögen	./. 80	
– nicht ausgeschüttete Gewinne von Schwesterfirmen	./. 25	
– Ratenzahlung aus Inventarverkauf	100	
– Nettoänderungen des Vermögens und der Schulden durch den Kauf der Company S		
– Zunahme von Kundenforderungen	./. 215	
– Verringerung des Inventars	205	
– Zunahme aktive RAP	./. 25	
– Abnahme der Verbindlichkeiten und der passiven Rechnungsabgrenzungsposten	./. 250	
– Zunahme Zins- und Steuerverbindlichkeiten	50	
– Zunahme der latenten Steuern	150	
– Zunahme anderer Verbindlichkeiten	50	
Ausgleichsposten insgesamt		$ 605
Nettogeldzunahme aus Geschäftstätigkeit		$ 1.365
b) Cash Flows aus Investitionstätigkeit[2]		
– Einnahmen aus dem Verkauf von Anlagegütern	$ 600	
– Zahlung auf Rechnung aus dem Verkauf von Produktionsanlagen	150	
– Ausgaben für Investitionen	./. 1.000	
– Zahlung des Barkaufpreises für Company 5	./. 925	
Für Investitionen netto ausgegebenes Geld		./. $ 1.175
c) Cash Flows aus Finanzierungen[2]		
– Netto-Kreditaufnahme	$ 300	
– Kredittilgungen	./. 125	
– Emission langfristiger Schuldverschreibungen	400	
– Einnahmen aus Aktienemissionen	500	
– gezahlte Dividenden	./. 200	
Netto-Geldzunahme aus Finanzierungen		$ 875
Nettozunahme von Geld und geldähnlichen Mitteln		$ 1.065
Geld und geldähnliche Mittel am Jahresanfang		600
Geld und geldähnliche Mittel am Jahresende		$ 1.665

2. Ergänzende „cash flow" Informationen
   Geldausgaben in der Berichtsperiode für:

Zinsen	$ 220
Ertragssteuern	325

3. wie I.

[2] Der Cash Flow aus Investitionstätigkeit und Finanzierungen wird nach der direkten Methode ermittelt.

FSC
www.fsc.org
MIX
Papier | Fördert
gute Waldnutzung
FSC® C083411

Kolibri 360 GmbH
Ferdinand-Jühlke-Straße 7
99095 Erfurt, Deutschland
produktsicherheit@kolibri360.de

Druck:
CPI Druckdienstleistungen GmbH
im Auftrag der
Kolibri 360 GmbH
Ferdinand-Jühlke-Str. 7
99095 Erfurt